ゆるしの奄美

——— 福音を生きる ———

奄美大島のキリスト者たち

諏訪 勝郎 著
Suwa Katsuro

南方新社

はじめに

福音（イエス・キリストによる救いの出来事におけることばと行い、すなわち教え）を生きるのは容易でない。キリスト教信者（以下、「キリスト者」と略す）なら、だれもが思う。とくに意識することなく、身についたものとしておのずから生活のなかにこれの現れる人を見るのもまれだ。そのような景観を醸す土地を目にするのも、肌身に感じるのも、そもそもキリスト教国でない日本においては望みようもない（キリスト教国にあっても、まず望みえない）。

それでも日本の南に位置する離島が、いわば個性的なありかたで、これを生き、表してきたことは、意外に知られていない。

奄美大島。

明治時代に宣教がはじまり、大正時代には隆盛をほこるも、昭和に入るや大迫害にみまわれた。戦後は、米軍統治という困難にさらされた。迫害・戦争・差別の三重苦を負いながら、信仰をまもり、福音を生き、これを表した人びとがいた。

たまたま、名瀬《なぜ》を中心に、奄美の各地で見聞きする僥倖を得た。これを手もとに備忘した。戦争が終わって間もなく八十年、本土復帰をはたして七十余年、現在《いま》、当時を知る人はもう少ない。記録にのこるも、記憶に乏しい。あるいは、記憶はされるが、思い出すに難い。

備忘した一部は、地元紙である奄美新聞に書いた。機関誌などの刊行物にも寄せた。また、カトリック新聞では連載の機会を得た（令和三年七月十八日～十一月二十八日）。さらにこのたび、これらを一巻にとりまとめる次第となった。

語り継がれたこと、いまは鬼籍に入られた方々からうかがったこと、諸紙誌に書きもらしたこと、新たに知り得たことなども含め、奄美大島に福音がどのように生き、表されてきたかについて、あらためて辿《たど》ってみたい。

ゆるしの奄美——福音を生きる——目次

鹿児島
種子島
口永良部島
屋久島
臥蛇島
口之島
中之島
平島
諏訪之瀬島
悪石島
トカラ列島
小宝島
宝島
横当島
奄美大島
喜界島
加計呂麻島
与路島
請島
鹿児島県
徳之島
沖縄県
沖永良部島
奄美諸島
与論島
沖縄島
久米島

第一章　勃興

一　奄美大島

奄美大島は、北緯二八度一九分・東経一二九度二二分に位置する。鹿児島県に属し、鹿児島本土と沖縄本島とのあいだ、ほぼ真ん中にある。琉球弧と呼ばれる南西諸島のうち、沖縄本島に次いで大きな面積（七一二・三五平方キロメートル）を有する島である。

日本書紀・齊明天皇三（六五七）年に「海見嶋」、天武天皇十一（六八二）年に「阿麻弥人」、続日本紀・文武天皇三（六九九）年に「菴美」、和銅七（七一四）年に「奄美」と見る。南洋の離島ではあれ、古くから中央に知られていたことがうかがわれる。

承久の乱（一二二一年）の後、奄美大島は北条得宗領（執権北条家の惣領・嫡流の直轄地）となる。嘉吉元（一四四一）年から文安三（一四四六）年にかけて、琉球王国が奄美大島の征討を完了。慶長十四（一六〇九）年には、薩摩藩が琉球攻めに際し、奄美大島を侵攻、藩直轄地とした。明治維新後は鹿児島県となるが、太平洋戦争の敗戦にともない、昭和二十八（一九五三）年まで、八年余り米軍統治下におかれた。

奄美大島を訪れたことのあるカトリック横浜教区のS神父が、かつて筆者に言った。

「行くところ、行くところに教会があり、驚いた。五島（長崎県）なんてもんじゃなかった」

この言葉に誇張はない。奄美大島（カトリック鹿児島教区奄美地区）には、三十二の教会がある（司祭の常駐しない巡回教会を含む）。しかし令和六年八月、いくつかの巡回教会が閉じられたと聞いた）。海岸に沿って島をめぐるなら、集落に入るたび、教会に出くわす。島の信徒数は、教区全体の約四割。本土に暮らす信徒にも奄美関係者（移住者、あるいは両親や祖父母が奄美出身者など）は多い。

「関係者を含めるなら、教区全体の七割にのぼるのではないでしょうか」

カトリック鹿児島教区本部事務局・広報担当の山下眞二は言う。

二　宣教

奄美大島でカトリックの宣教がはじまったのは明治二十四（一八九一）年とされる。一説によれば、十八世紀にはすでに信徒の存在が確認されていたともいわれる。真偽は定かでない。

薩摩藩政期の記録『代官記』の明和八（一七七一）年の項は伝える。拙いながら、現代語訳すると、――

（御代官新納浦右衛門殿の）代の卯の年（明和八年）の六月、東間切の伊須浦にオランダ船が漂着した。多くの乗組員が上陸し、神山の樹木を伐採、中田原という浜に柱を建て、紺地の木綿で木屋を二張り調えた。大砲を二挺据えて二発ほど発砲したので、村中が驚き、（村民は）方々へと逃げ去った。掟の長賢から報告があったので、黍方・田地方・横目の伊野国清正・清郷・喜始がいち早く駆けつけて見ると、（乗組員らは）脇差し・鉄砲・剣などを携え、言葉をかけたが通じない。そこで早飛脚で届け出たところ、御附役の米良固右衛門殿・山田貞助殿、御横目の相良覚右衛門殿がお越しになり、虎落《もがり》（竹で作った柵）を調え、警固の番所を設置、諸役の者が交代で詰めた。おいおい御代官・御附役の皆々が二十日にお越しになられ、もし悪党ども（乗組員ら）がなにごとか企てるなら、討伐せよと命じられた。島中の諸役の者がその用意をしたが、そのようなことはおこらなかった。そうして、北東の風が吹き出したので、七月一日、伊須村から出帆した。東は山々や海に遠見番をたてたところ、戌亥（北西）の風に変わり、東南に向けて航行したとのことで、皆々引きあげて、無事に事態は終息した。[1]

オランダ船が奄美大島の伊須浦（現大島郡瀬戸内町伊須）に漂着したというこの記録が、『ベニョフスキー航海記』（一七九〇年）にある次の挿話と比定されるというのである。

船はウシュマイ・リゴンの島に坐礁中。〔中略〕フルシチョフ氏が二人の島民がそのとき私のテントの入口の所に来ていると知らせた。〔中略〕彼らの一人がわれわれに一枚の紙を差し出し、そのうえに私はいくつかのラテン文字を認めた。私はいきおいこんでそれを受け取り、次のような意味のラテン語の内容を読んだときにはひじょうにうれしかった。〔中略〕

一七四九年五月二四日。私は、イエズス会の他の三人の仲間とともに、この島に着き、住民に歓待されたので、神の御ことばを広めるためにここに居を定めました。この島の酋長たちは北京官話を話し、カトリック教という唯一のりっぱで申し分のない宗教を教えてもらいたいというきわめて熱心な望みを示しました。〔中略〕最初の年に二五〇名の新改宗者が洗礼を受けるのを見るという満足を味わい、彼らの熱意、誠実、忍耐は私の希望を強固なものにして来ました。一七五〇年私の他の三人の兄弟は付近の島に赴きましたが、彼らが私自身と同じ熱意を持って義務を果たしたことは疑いありません。〔中略〕島民はまじめで、礼儀正しく、シナからも日本からもまったく独立して生活しています。それらの国の何隻かの商船を除いては、他の船はここでは見られたことがありません。しかしながら私は、オランダの船がこの島からひじょうに近い所を通り過ぎたのを見たことがあります。A. M. D. G. B. V. M. E. S. P. N. I. 一七五四年九月一八日、ウシュマイ・リゴン島にて記す

イエズス会と、ポルトガル国の、インド地方への宣教師、

イグナティオ・サリス

〔中略〕

夜明けに私はその国の他の住民たちがやって来ている、その数は三〇〇名に達し、武器は持たず、各人手に日傘のほかはなにも持っていないと知らされた。先頭の二人の酋長が私に近より、十字を切ったのち、手を差しのべ、それから私に古い日課祈禱書を示したが、それは四人の男によって敷き物にのせて運ばれていた。献呈の辞によって、私はその日課祈禱書が宣教師サリスのものであったことを知り、これらの島民がそのイエズス会士の霊に対して示した尊敬に加わるために、私もこの本に接吻した。[2]

これはカムチャッカのボルシェレック収容所に収監されていたロシア人の囚人や東欧の捕虜などが脱獄し、停泊中の軍艦を奪い渡航、奄美大島（伊須）に座礁したときのこととされる。これを著したベニョフスキーとは、ハンガリー出身、ポーランド軍に参加しロシアの捕虜となった人物。くだんの脱獄後、阿波国日和佐（現徳島県美波町）や奄美に漂着するなか、長崎のオランダ商館長宛に書簡を送付。これがロシアの南進策を報知するものと世に喧伝された。ベニョフスキーの名は、オランダ語読みが転じて当時のわが国では「はんべごろう」として知られるに至る。[3]

ところでこの「はんべんごろう」ことベニョフスキー、稀代の大法螺吹き。脱獄前後の経緯をまとめた『ベニョフスキー航海記』も扮飾と誇張と脚色とにまみれる。掠奪船による航海は事実としても、個々の記録の信憑性には疑いがもたれている。またこれには別資料も存在、ベニョフスキーに同行した二人のロシア人の記録（イッポリトゥ・ステパノフの日記およびイヴァン・リュミンの記録）がのこる。しかしいずれの記録もイエズス会士イグナティオ・サリスやその日課祈禱書についてはふれていない。したがって、明治以前に宣教のあったというたしかな根拠となるものは見い出せない。

島では、神道や仏教の歴史は浅かった。島古来の民俗宗教は、いわゆるアニミズム、あるいはシャーマニズム。ごく最近まで、集落などの共同体の公的祭祀をつかさどる「ノロ」が存在した。私的レベルで呪術職能（憑衣・霊媒）を担う「ユタ」は「ユタ神《がみ》さま」と呼ばれていまも尊崇される。これにたよる島民は少なくない。

こうした在来の民俗宗教に飽き足らない進取の気性に富む一部島民が、鹿児島本土のキリスト教各派に宣教を依頼したという。大島区裁判所検事（当時）の岡禎良と麓甚佐登が発案、これに賛同した十数名によって招請状が送られたとされる。カトリックではこれを受け、パリ外国宣教会のフェリエ神父が来島した。のちに奄美宣教に携わったハルブ神父の手記に、次のようにある。

フェリエ神父は、鹿児島で洗礼を受けたという一人の貧しい大工から「大島の住民がカトリックの教えを知りたいと望んでいる」と大島行きを依頼された。[4]

「貧しい大工」とは大島・浦上出身の臼井熊八と証されている。フェリエ神父は明治二十四年十二月三十一日に来島。臼井に迎えられた神父は、伊地知武元の家（現名瀬末広町）に投宿した（そこには現在、「奄美大島カトリック教会発祥之地」と銘した石碑が立つ）。滞在は十日間。名瀬尋常小学校（当時。矢之脇町）で六日にわたり昼夜連続の講話を行ったという。

島民みずからの招きを契機としたことも手伝って、教勢は順調に拡大した。宣教開始から三年足らずの明治二十七（一八九四）年、島の信徒数は約一五〇〇人。奄美で最初のカトリック教会（大熊《だいくま》）も建設された。宣教二十五周年を前に、大正五（一九一六）年、島には六つの小教区と十五の巡回教会とが存在。信徒は三六九一人を数えたという。[5]

しかし、なぜキリスト教であったのか。

これについて、奄美に暮らした作家・島尾敏雄が興味深い記述をのこす。

> 明治維新以後奄美の島々は、いわば解放されたのだけれども、旧藩以来の習慣が急速にあらたまったとは考えられない状態があった。黒糖の自由販売が新政府より認められたにもかかわらず、鹿児島県はそれを島民に知らせずに、一種の独占買上を強制したため、島民の抗議が高まって黒糖勝手売買嘆願事件もしくは沸騰組事件とよばれた抵抗の起ったことについては先に少しふれた。極端に言えば、島の出身の商人が、島の経済を実質的に手中することができたのは敗戦後のことだとみられているほどだ。〔中略〕奄美の先覚者たちにとっては、いかにして本県をおさえ島の人々の地位を高めて行くことができるかということが悲しい願望であると

同時に、たたかいの一つの目標になった。〔中略〕それがなされなければ、長い歳月をおさえられてきた姿勢を起すことができないと考えたからだ。そしてその一つの武器は抗弁の術だという考えが彼らの考え、ひいては島の人の考えを支配した。法曹界に島の若者たちがしがみついて行ったことの背後にはそのような単純でない理由がある。その一人に岡禎良という検事がいたが、彼の生涯は、憑かれた者のような、鹿児島本県人との闘いにいろどられている。彼の手記のなかから「薩商の狼食」などというはげしい言葉を見つけ出すことはたやすい。彼は、販売が自由になったはずの黒糖を鹿児島県を背景にして不法に独占していた「南島商社」とたたかって敗れ、不遇のうちに若くして死んだ。〔中略〕彼のいくつかの先覚的な仕事の一つとして、実はカトリック神父招聘運動も計画された。〔中略〕名瀬の町の指導的立場の者を誘いあつめて、カトリックとプロテスタントの双方の教会にあてて、その宣教師を派遣してもらいたい要請を送ったというのだ。もともと彼はそのいずれの教えにも無関心ではあったが、島の人々の気分を高めるためには、どうしても旧藩時代の伝統になじまないしかも世界的な視野をもった精神的支柱を持ちこむことが大事だと考えた。[6]

三　中村長八神父

奄美大島におけるカトリック宣教の草創期に、出色なのが中村長八神父（長崎教区＝当時）である。

中村神父は明治三十（一八九七）年に来島。教会のない赤尾木《あかおぎ》に赴任する。借家に住まい、翌年、四十二人に洗礼を授けた。その後も明治三十四（一九〇一）年、手花部《てけぶ》で三十人、明治三十七（一九〇四）年には大笠利《おおがさり》で約二百人に授洗、宣教に努めた。

中村神父の重視したのは、青少年教育である。来島した翌《あく》る明治三十一（一八九三）年、平《たいら》に私塾「愛心会」を設立する。信者にかぎらず、近隣の子どもたちに読み書きを教えた。明治四十（一九〇七）年には、手花部と赤木名《あかきな》で学習塾をひらき、学校教科のほか、カトリック要理教育も行った。また翌る明治四十一（一九〇八）年、赤木名に夜間学校を開校。百三十人余りの青年が学んだという。

中村神父の、信者と非信者との別ない、青少年に対する献身は、地域住民のあいだに教会に対する好感と信頼を育んだと思われる。じっさい、笠利村役場（当時）は地域における教育の史的・体系的概要整理を神父に依頼。大正三（一九一四）年、「笠利村教育史料集」をまとめ、村に提出した。

　その「史料集」は全三十六頁（遊紙などの空白紙葉を含めると全六十六頁）。朱《あか》い罫線付きの和紙に神父の直筆で墨書されている。「維新前ノ教育情況」「維新後ノ教育情況」「自今以後ノ教育情況」の三章からなる。各時代における地域の教育のありようを伝え、とくに「維新後」については学校制度の変遷や教育課程などを詳述。各教科とこれに用いられた教科書も記され、赴任した学校長以下教師の名簿まで網羅する。教会による要理教育などにはいっさいふれない。地元の行政に対する神父の真摯な協力姿勢がうかがえる。[7]

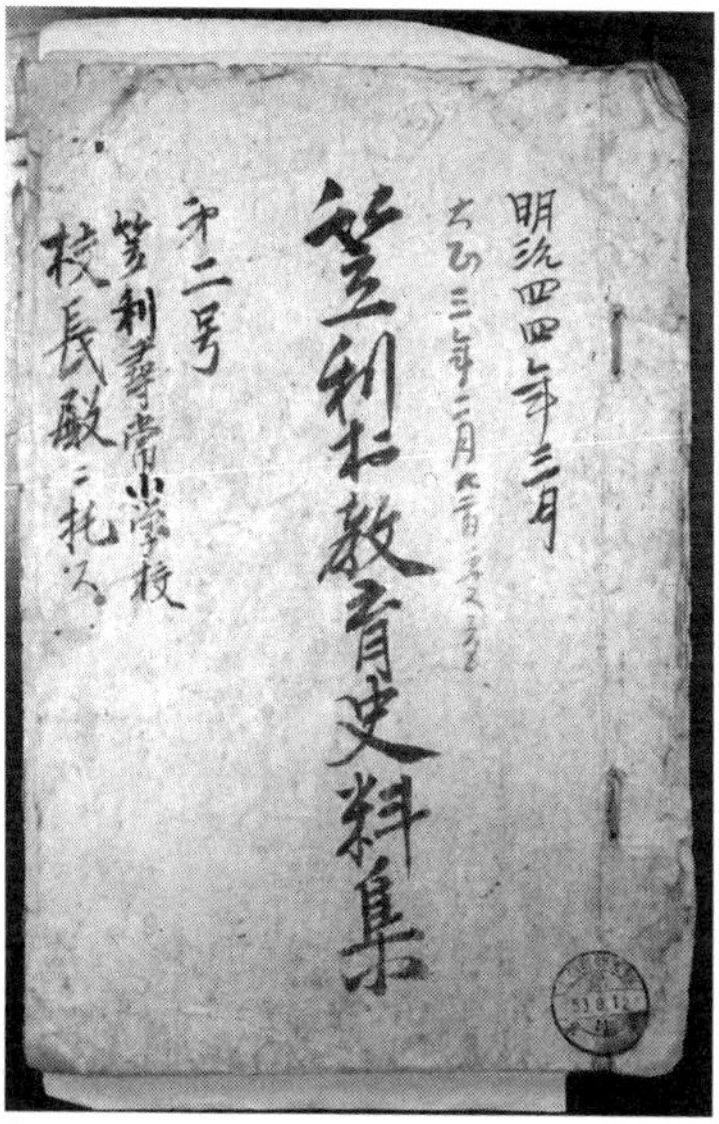

「笠利村教育史料集」（奄美市立奄美博物館蔵）

　中村神父は大正十二（一九二三）年、奄美を離任する。ブラジルへ派遣され、日本人移民のためにはたらいた。これについては、次のような経緯《いきさつ》が知られる。

　ブラジル政府から日本人移民のための邦人司祭の派遣依頼を受け、司教が司祭たちに志願者を募った。ところが、応募は皆無。これを知った中村神父は「若いはたらき手がふさわしいと考え、ひかえていた。自分のような年配者でもよいなら、送ってほしい」と願い出たのだという。

昭和十五(一九四〇)年、中村神父はアルヴァレス・マシャード(ブラジル)で逝去した。いまも神父を慕う信者は、奄美にかぎらない。ブラジルでは現在、神父の列福(ある信者の死後、その人物の生涯が聖性に特徴づけられるものであったとして、カトリック教会の権限下で「福者」と宣言されること)を願う運動が興っている。

四 ブイジュ神父

いま一人、この時期、奄美の信者にとって忘れがたい人物がいる。島に骨を埋《うず》めたフランス人、ブイジュ神父である。

レオン・ブイジュ神父は、パリから南へ約三四〇キロメートル離れたエネイ・ル・シャトー(アーリエ県)で一八六八年に生まれた。一八九二年、パリ外国宣教会に入会。一八九四年、司祭に叙階され、長崎に派遣された。明治三十二(一八九九)年、奄美大島に来島。大島のほか、徳之島でも宣教した。

明治三十六(一九〇三)年、ブイジュ神父は奄美大島の瀬留《せどめ》(現大島郡龍郷町)に主任司祭として着任する。同四十一(一九〇八)年には瀬留教会を建立した。

ブイジュ神父は宣教にはげむいっぽう、信者、非信者を問わず、地域住民と交流した。とくに民生の向上に努めた。教会敷地でトマト、レタス、キャベツなどを栽培。地域に西洋野菜とその栽培法をもたらした。また、教会内にレンガ窯を築き、みずからパンを焼成。好奇心から、あるいは焼き上がるパンの匂いにひかれて、地域の子どもたちが集まった。子どもが訪れると、パンを分けあたえ、いっしょにほおばったという。

神父は、夫に先立たれ寡婦となった母親の、帰国の願いをしりぞけ、瀬留にとどまった。「使命《ミッション》を裏切ることはできない。(瀬留の)みなさんがいてくれればよい」と常々語っていたという。

大正十一(一九二二)年、ブイジュ神父は病にみまわれ、逝去。瀬留共同墓地に埋葬された。いまも毎年、ブイジュ神父の命日である七月十二日には、教会員と地域住民とが「ブイジュ祭」を催し、神父を偲ぶ。神父の建てた瀬留教会は現在、国の登録有形文化財(建造物)である(隣接する司祭館とともに平成二十年登録)。

第二章　隆盛と迫害

一　隆盛

大正十一（一九二二）年、奄美大島の行政と経済の中心地である名瀬《なぜ》に、レンガ造りの大伽藍、名瀬聖心《みこころ》教会が完成する。「レンガみどう」と呼ばれ、名瀬のランドマーク、島の名所となった。同十三（一九二四）年には、ミッションスクール大島高等女学校が開校。鉄筋コンクリートの、輪奐《りんかん》の美みなぎる校舎は、女子のあこがれの的《まと》となった。

信者には誇らしい二大建造物によって、否が応にも、カトリック信仰の隆盛はきわ立った。事実、大正十二（一九二三）年の奄美管内信徒数四〇五七人に対し、昭和二（一九二七）年の鹿児島知牧区（鹿児島と沖縄の二県）の信徒数は四七二八人。奄美の突出ぶりがうかがわれる。

このようなきわ立った隆盛があだとなる。奄美大島は当時、要塞を備え、国防戦略上、重要な位置にあった。大正十（一九二一）年のワシントン軍縮会議では、陸軍奄美大島要塞（古仁屋）とハワイの米軍ホノルル要塞とが対比され、議論になるほど。欧米渡来の宗教の隆盛は、軍部の目にこころよく映らなかった。

名瀬では大正十三（一九二四）年、信者の中学生二人が、高千穂神社（名瀬井根町）参拝を拒否。二人は退校を余儀なくされた。これを皮切りに、不敬事件・非戦論・神社問題などを契機とした全国的なキリスト教嫌厭の傾向も手伝い、カトリックに対する危険視がひろがることになる。名瀬ではたらくフランシスコ修道会の帰化人宣教師、米川基《よねかわはじめ》（カリキスト・ジェリナ）神父は、特別高等警察に要注意人物と目された。島内におけるカトリック嫌厭は、よりあからさまとなる。

二　迫害（その一）

奄美大島におけるカトリックへの迫害が組織的な様相をおびたのは昭和八（一九三三）年から。奄美国防研究会が第一回名瀬町民大会で、カトリック排撃と大島高等女学校の廃校を決議。名瀬町議会に訴えた。信者に対するいやがらせや暴力も横行。各種報道《ジャーナリズム》も反カトリックを喧伝した。また同年、大島高等女学校は閉校を余儀なくされた。

こうした経緯については、地元自治体編纂の『改訂　名瀬市誌』（平成八年）、あるいは宮下政昭『聖堂の日の丸――奄美カトリック迫害と天皇教』（南方新社、平成十一年）などがすでに詳《つまび》らかにしている。ここではくり返さない。ただ上掲書にかぎらない、先行研究の多くが依拠していると思われるのが『名瀬町史』（昭和十八年。以下、『町史』と略す）であることを指摘し、これまで取り上げられることの少なかったことについて若干述べておく。これについては、志茂洋平「戦前～占領期における奄美のジャーナリスト」（京都大学文学部、令和五年度卒業論文）に手がかりを得たのである。[1]

『町史』の刊行は昭和十八（一九四三）年、町制二十周年の記念事業としてあった。

「緒言」によれば、編纂委員長は新天嶺《あらたてんれい》、委員は小林正秀、沖野友榮、中村安太郎である。新は昭和三（一九二八）年から大島新聞主筆兼編集長をつとめ、昭和十一（一九三六）年には奄美新聞社長に就いた人物。大島新聞時代、大島朝日新聞の肥後憲一とともに、もっぱら反カトリックの記事を書いた。小林と中村は当時、大島日報の記者。大島日報は昭和十四（一九三九）年、島内の新聞社が統合され、生まれた。元大島新聞社長の内山尚忠が社長である。沖野は町会議員であった。こうした編纂委員の構成は、カトリック迫害を煽動したジャーナリズムと一部町政との親近を物語る。

「祝辞」は大島支庁長谷村秀綱の手になるが、時局を反映して「日本精神の昂揚」を謳《うた》い「国家緩《（ママ）》急に殉じ以て聖業の完遂を期すべき」と檄《げき》をとばす。また「第四章　社寺及び教会」では「邪教排撃運動」と題し、冒頭から、

「邪教即加教、加教即邪教」てふ観念は、久しい以前から、濃厚に、名瀬町民間に植え付けられ、之れを排撃し、絶滅するにあらずんば、皇民精神の長養確立到底期すべからず[2]

——とはげしい。

以下、主だった内容を箇条書きに略記する。

(1)大島中学校配属将校川村泉三少佐と名瀬憲兵分駐所長山本忠義軍曹が、大島朝日新聞および大島新聞とむすび排撃運動を指導した。
(2)大島高等女学校の廃校に関する意見書を鹿児島県学務課に提出するも受理されず（昭和八年九月）、その後文部省でも拒まれたが、町長が第六師団長と面会、さらに陸軍大臣と会談した翌年には廃校処分が決まった。
(3)昭和九年八月に着任した奄美要塞司令部司令官笠蔵次《りゅうくらじ》大佐が、参謀角和善助少佐とともに演説会を行い、カトリックの危険であることを訴え、信者に改宗を迫った。
(4)これにジャーナリズムもつづいた。

ここにうかがわれるのも、町政と軍部とジャーナリズムとの親近。一体感である。大島高等女学校の廃校を決議した名瀬町民大会の主催者である奄美国防研究会が、のちに町史編纂委員長に任命される大島新聞の新と、大島朝日新聞の肥後とを中心にジャーナリズム主導で結成されたことをふまえるなら、有志島民と軍部とジャーナリズムという三つ巴《みどもえ》の連携をもってカトリック教会という「公敵米英」の脅威をしりぞけたという成果を、『町史』は喧伝するものであったことがうかがわれる。

また、奄美大島においてカトリック迫害のはげしかったころ、三原方丈『切支丹陰謀史』（岩元書店、昭和十年）が刊行された。これは、キリスト教の伝来から豊臣政権下での禁制を経て江戸幕府による禁教・鎖国までを俯瞰しつつ、キリスト教の宣教活動が欧米による植民地化・侵略と同義であることを説く。

宗教を以て我日本を征服せんとしたのである。[3]

さらに、この書き手の心根のあらわな一文。

毒藥の名と知るがよし切支丹[4]

著者の三原は、本名保常、大島新聞記者である。跋文は、先に紹介した新天嶺。序文と題字を、同じく先述の奄美要塞司令官笠蔵次が手がける。加えて自序には、やはり先述した同参謀角和善助への謝辞がある。発行所の岩元書店は名瀬町に所在。印刷は大島朝日新聞社印刷部。この一書が刊行された背景には、奄美において反カトリックのもとで結託した軍部とジャーナリズムの親近があからさまである。

三　迫害（その二）

奄美大島要塞司令部による国防思想普及講演会は、昭和九（一九三四）年九月から十二月にかけて、計二十回以上ひらかれている。[5] これが青年団や在郷軍人を迫害へと煽動するに多大な役割をはたし、外国人宣教師追放署名運動に進展した。

また島内各地で、軍部と官憲による棄教の強要も行われた。

カトリック名瀬聖心教会「レンガみどう」

突然大熊に、午前九時、司令官、角和少佐、山本憲兵出張し、字《あざ》民全部海岸近くの集会場に集合せしめ、信者と一般席との区別を作り、其の面前にて国防に関する講話をなし、ついで字民を代表して区長が演説するには「カトリック信者が大熊に居るばかりに従来村の平和が乱れて居るから非常時の今日何卆是非背教する事を司令官、角和少佐殿の前にて誓へ、然られざれ（ママ）ば殺すぞ」と迫られ、事の余りに突然なのに信者驚き仕方なく不本意乍ら信者全部背教を誓い、コンタツ、祈りの本、其の他は青年達が多数信者宅に侵入してブンドリ且つ憲兵の手に渡したる由、女子供は勿論大人までも泣き叫び、村の入口は厳重に青年達が看視して信者の名瀬注進するを防ぎたるため夜の十時頃まで確実なる情報判明せず、十時に至りやっと七十八名逃れ自動車借り切りで泣いて教会に逃れ来る。[6]

同年、全外国人宣教師は追放。秋名《あきな》では、のべ百五十人にのぼる地域青年が三日三晩、教会を破壊した。昭和十一（一九三六）年、迫害により閉鎖中の名瀬聖心教会の祭壇や祭器具がなにものかによって焼却される。大笠利《おおがさり》教会は放火され、焼失した。

昭和十五（一九四〇）年、島内全教会の財産は自治体に没収。教会は破壊、もしくは転用された。大熊教会は解体、名瀬に搬送され、村役場官舎に。芦花部《あしけぶ》教会に隣接の伝道館は神社に転用。注連縄《しめなわ》がかけられた。名瀬聖心教会も役場に転用され、塔頂の十字架にかえて日章旗が掲揚された。

こうして終戦まで、信者は信仰生活の困難を強いられた。

四　大島高等女学校

　奄美大島におけるカトリック隆盛を物語る象徴として、「レンガみどう」名瀬聖心教会とならび挙げられるのが、大島高等女学校である。

　当時、奄美大島において女子を対象とする高等教育機関は、二年制の高等学校にかぎられた。これを憂い、島の女子教育の将来を危惧した教育関係者が大正十（一九二一）年、「もっと設備の整った学校を」と名瀬町長（当時）の麓甚悦《ふもとじんえつ》に進言。しかし自治体単独で新たな女子教育機関を立ち上げる余裕のなかった行政は、カトリック教会に四年制女子高等学校の設立を依頼する。大正十一（一九二二）年一月、名瀬有力者四十数人が著名捺印した嘆願書が、宣教地区長であるモーリス・ベルタン神父に手渡された。

　同年八月十九日、名瀬町議会で教会立女子高等学校の設立に関する提案と審議があった。約一町歩の土地を学校の継続するかぎり無償提供すること、ならびに土地取得にかかる支出の追加予算が示された。

　教会はこれを受け容れ、翌る大正十二（一九二三）年、女子高等学校の建設に着手。同年一月十七日、土地の無償提供について、麓町長と米川ならびにベルタン両神父とのあいだで契約を締結した。

二月十四日には建設現場を担当する大工のオジロン・ベリイル修道士が来島。その後、敷地の整地、校舎と寮の建設、学校備品の調達など、四十万円（当時、小学校教員の初任給は五〇円くらいとされる）を超える費用をかけて事業は進められた。そして十二月十二日、女子高等学校の設立について、文部省が認可。大正十三（一九二四）年、大島高等女学校が開校した（ただしこのときは、名瀬聖心教会の敷地内にある紬工場を仮校舎とした）。[7]

開校した女学校には、大正十五（一九二六）年十二月三日、カナダから無原罪の御宿り宣教女子修道会の修道女《シスター》三人が来日し、奉職した。また同年十月には校舎も竣工。翌る昭和二（一九二七）年十一月三日、ローマ教皇大使マリオ・ジャルディーニ大司教による落成祝別式、祝賀会、講演会、祝賀音楽会などがあった。

昭和四（一九二九）年、カナダから聖名会（イエズス・マリアの御名の会）の修道女五人が来島。女学校に着任する。のちに同会修道女は十一人に増員された。翌五（一九三〇）年三月、無原罪の御宿り宣教女子修道会は奄美を離れ、福島県郡山市に移った。

このころの様子について、昭和六（一九三一）年十二月に来島したフランシスコ修道会カナダ管区長アンブロジオ・ルブラン神父が書き残している。

> カトリック大島高等女学校に寄宿舎もあり、無原罪の聖母宣教修道女会、其の他先生たちが教育に携わっています。現在日本に数少ないカトリック校で、設備も整えつつあって隆盛向上

も可能と思われます。特に寄宿舎の設備が強みです。シスターたちに深く感謝の意を表します。[8]

全国でもまれな、すぐれた教育環境を備えた女学校であったことがうかがえる。

神父は、しかし次のようにつづける。

私は謹んで警告しておきます。悪魔は、この実を結びつつあるカトリックの事業をあらゆる悪辣な手段をもって破壊しようとしています。[9]

じっさいこの年の九月から、反カトリックの全国的な気運が高まりはじめていた。昭和七（一九三二）年には、米川基神父の名が「要注意宣教師往来ニ関スル件」として特別高等警察の報告書にあがる。また先にもふれたように、翌八（一九三三）年から名瀬周辺でも、組織化された迫害が顕在化した。

その年の八月二十五日、奄美国防研究会が、第一回名瀬町民大会においてカトリック排撃と大島高等女学校廃校を決議。翌る二十六日、決議を名瀬町議会に申し入れた。九月七日、臨時名瀬町議会で高等女学校について審議。九月十六日、名瀬町議会が町長および議長名義で「公教立大島高等女学校認可取消処分ニ関スル意見書」を関係省庁へ提出した。その内容は『町史』に詳らかである。

開校以来十年、其の教育の成跡を観察するに、文部省令の指示せる女子教育方針に背反せる事実挙げ尽くすべからず。

今、其の甚だしき事例を述ぶれば、勅語の奉載に、毫も敬虔の念無く、且奉読を為さざるは其の一なり。神社参拝を拒否するは其の二なり。遷宮式年祭に遙拝を行はざるは其の三なり。明治節当日、全国体育会に、余儀なき態度を以て、他校生徒に交りて参列したるも、国旗降下式を顧みずして、自由に退散したる不敬の行動は其の四なり。御真影奉載を煩累視し、未だ御下賜の申請すら為さざるは其の五なり。寄宿舎楼上に祭壇を設け、生徒をして、天主を礼拝せしめ、加教宗的教化を為しつつあるは其の六なり。然かも其の他醜悪なる行為累積して、数次、物議を社会に醸し、与論を紛糾せしめ、子女教育上に及ぼす弊害、真に寒心に禁えず。[10]

ここに挙げられた六つから七つにおよぶ罪状が、閉校をもとめる理由。よって、

名瀬町会は、其禍害やがて全町民を傷り延いて又全郡民に及ぶあらんことを惧れ、加特力教一味徒党が拠れる同校の廃止を焦眉の急務なりと認め、同教篤信者たる議員一名を除き、全員一致の議決に依り、監督官庁に対し、同校の認可取り消し処分を仰ぐべく、此の意見書を附議決定せり。[11]

意見書の宛名は鹿児島県知事、文部大臣、総理大臣、内務大臣、陸軍大臣、海軍大臣、参謀総長官、外務大臣、第六師団長、佐世保鎮守府司令長官となっている。同年十二月四日、鹿児島県議会は「大島高女問題」を議案とした。

この間、世をにぎわせた報道の見出しを列挙するなら、次のとおりである。

「奇怪・重要文書行方不明、名瀬町役場で紛失す、カトリック大島高女創立に『日本国法遵守』の一札」[12]
「帰化人米川基氏の弁明に対する弁明、この事実を何とする」[13]
「果然！　爆発したカ教への反撃心」[14]
「大島高女公文書紛失の渦文拡大」[15]
「大島高女排撃の渦文」[16]
「何故に公教立大島高等女学校は廃校せねばならぬか」[17]
「国体を開明し皇威を宣揚し日本の本体に帰れ」[18]

これらは、大島高等女学校の開校にあたり、奄美のカトリック教会と名瀬町とで交わした契約書に付された覚え書きの、町役場における紛失を報じる。そもそも紛失したのは役場であるから、その過失は役場が責めを負うべきもの。これを教会に責任転嫁しての一大組織的活動《キャンペーン》である。

このようなジャーナリズムによる恣意的にして一方的な、悪意ある偏向報道が、嫌カトリック・反カトリックの気運を高めたことがうかがえる。こうした傾向については、アンブロジオ・ルブラン神父が、先に引用した報告書でも、すでに指摘していた。

大島高等女学校（昭和２年頃）

奄美大島には布教の妨げとなるものがあります。それは、迷信に狂信する傾向が強いことです。そして、日本の国防第一線の要塞地帯であることなどです。カトリックを敵視して、外国人排斥を新聞雑誌に露骨に書きたてるようになってきました。[19]

こうした動向を回避せんと、エジド・ロア鹿児島教区長は上京して関係者にはかり、駐日ローマ教皇大使は政界有力者に訴え、戸塚文卿神父（東京教区）は来島。迫害の抑止が模索された。健気にも廃校決議に抗して、名瀬在住の大島高等女学校卒業生一同は、町議会に「声明書」を提出した。それでも時の勢いにはかなわなかった。

昭和八年十二月十四日、大島高等女学校の閉鎖・廃校の認可が下った。

昭和九（一九三四）年三月二十一日、女学校を閉じた聖名会の修道女および在校生は奄美を離れ、鹿児島に移る（鹿児島市鴨池町一八四七番地）。その地で同年九月十一日、聖名高等女学校を創立。カトリック女子教育の継続を図った。

しかし十二月十二日、奄美大島では宣教師が追放され、司祭不在と化す。昭和十一（一九三六）年には本土でも、外国人司祭に対する風当たりは強く、ローマ教皇庁は鹿児島知牧区を日本人に委託する旨を通達。外国人宣教師は鹿児島を離れた。これにともない昭和十五（一九四〇）年、鹿児島にただ一つ残る外国人宣教会であった聖名会も、もはやこれまでと決断。八月三十一日、修道女たちはカナダへ帰国した。女学校は日本人の組織する長崎純心聖母会にゆだねられた（鹿児島純心女子学園のはじまり）。

五　迫害（その三）

奄美大島における迫害の一誘因となったのが、高千穂神社参拝拒否事件（大正十三年）であることはすでに述べた。これを実行した一人の久保忠志は当時、旧制中学三年。その父、久保喜助は、奄美の医薬品販売の先駆、久保薬局の創業者。名瀬町議もつとめた名士である。大島高等女学校の廃校決議でただ一人反対した「篤信者たる議員一名」とは、喜助のこと。熱心なカトリック信者と知られたから、迫害においては「一番殺し」と真っ先に標的とされた。

同薬局は明治三十七（一九〇四）年に創業。鹿児島県内で百年を超える「長寿企業」二百三社（平成二十四年六月、㈱東京商工リサーチ調べ）のうちの一つに数えられる。屋号は「久保兄弟《けいてい》商會薬局」。久保喜助、常二、彦助の三兄弟で興した。末弟の彦助が薬剤師。大島では唯一の本格的な調剤薬局であった。

当時の名瀬のメインストリート（本町通り）は、ほとんどが本土から進出してきた店舗で占められていた。鹿児島にかぎらず、佐賀、関西、名古屋などからである。名瀬が大阪と那覇とをつなぐ航路（大阪商船）の中継地であったこと、地元企業に資本力の乏しかったことが原因とされる。戦災やその後の区画整備にともない、いまでこそ久保薬局は名瀬中心街に位置するが、喜助が店を構えた当時は通りのはずれであったという。地元民ではメインストリートに店をもてなかった。

経営手法が奇抜だった。従業員全員に自転車を購入。配達・訪問販売を展開した。のちに喜助のあとを継いだ忠志は、たくさんの風船を自転車に結び、これを配って集落をまわった。いわば、宣伝カー。「風船おじさん」と評判になった。また従業員に楽器を購入。トランペットなどの金管楽器、クラリネットなどの木管楽器、太鼓、バイオリン、オルガンなど。音楽教育を施し、宣伝パレードをくりひろげた。自社のコマーシャルソングも手がけ、これを歌い奏して街をねり歩いた。

商ったのは医薬品だけでない。ボルドー・ワインを樽で仕入れ、店で壜詰《びんづ》めして販売した。またレコード販売部門を設け、クラシック音楽になじみのない島民のために、シマウタのレコードを制作・販売した。さらには、薬局の二階に写真スタジオを設置。薬の購入額にあわせ引換券を配布、規定枚数に達した券を引き換えに、写真撮影のサービスを行った。まだ一般家庭でカメラを所有するのはまれ、だれもが気軽に写真の撮れる時代ではなかったから、とても喜ばれたという。

こうした進取の活動は、カトリック信者であることも相俟って、より目立つものであったにちがいない。一部島民の、ねたみ、やっかみ、うらみも買ったろう。それもあっての「一番殺し」ではなかったか。

忠志の子、同薬局の三代目、薬剤師の久保俊一はふり返る。昭和十九年の戦災による焼失。復興したかと思われたやさきの昭和三十年、中央通りの大火でふたたび焼けた。事業を百年継続するのは並大抵のことではない。

しかし「迫害は、くらべものにならない」と久保は語る。

「父、忠志は参拝拒否事件後、迫害を避け、やむなく長崎へ転校した」

また戦時中、薬局は横文字の看板を掲げていた。憲兵隊が来たのを久保は記憶する。

「英語はけしからんと言う。すると父が、同盟国のドイツ語だと言い返し、追い払った」

久保の叔父、忠志の弟であるカトリック鹿児島教区の大野和夫神父は、思い出ばなしする。神父は幼少時に大野家の養子となったが、その後も久保家で育った。

「うちは鎧戸《よろいど》があったから、まだよかった。近隣のある信者の商店は、しばってまるめた赤い布を家に投げ込まれ、《焼夷弾落下！》との一声がかかるや、消防放水で壁を破壊された。屋根まで飛ばされた」

六　迫害（その四）

奄美市名瀬在住の土田碧《あおい》（故人。遺族の希望により仮名）のはなしは、大野神父の述懐を裏づける。土田は、大野神父とは同級生。幼少のころ、いっしょに教会にかよった。久保薬局の向かいにあった「三角屋敷」と呼ばれるカトリック信者の家屋が、完膚なきまでに防火演習の放水を浴びるさまを記憶する。

「終戦まで、ロザリオ（カトリック教徒が祈りで用いる数珠。日本では「コンタツ」とも呼ぶ）を隠し持って信仰をまもった」

父親の転勤にともない奄美を離れ、のちに大阪で夜学にかよいながら紬販売に従事した。営業の途中に立ち寄った喫茶店のラジオで、真珠湾攻撃を知った。やがて徴用の動員を受け、海軍兵器工場で魚雷製造にいそしんだ。

終戦を大阪で迎えた土田は「なにもかも捨て、島へ帰ろう」と決意したという。おにぎり、もち、米を担ぎ、徒歩で発った。秋口に広島を通過。いまだ原爆の惨禍も生々しい焼け野原に、生育したイラクサを見た。自然の生命力を感じた。

帰島した土田は、両親の郷里である大和村でしばらく農業を営んだのち、名瀬に越した。大島支庁や民間企業に勤務した。

龍郷《たつごう》町瀬留に住む西田太《ふとる》。西田は、カトリック信仰の篤い家庭に生まれ、幼少時を笠利で過ごした。昭和十一（一九三六）年、大笠利教会が放火により焼失したのは先にも書いたとおりである。西田は、教会全体が火柱のように燃え上がっているのをはっきりと覚えている。

「あのころ、子どもながらに、殉教を覚悟した」と熱烈な信仰を語る。

奄美市笠利町在住の山田賢三。山田の父、金五郎はカトリックの伝道師だった。昭和九（一九三四）年、島内各地の小学校で外国人宣教師追放の署名運動がおこったとき、これの対処に奔走した。古仁屋から要塞司令官が直接山田宅に乗り込んで来るほど、迫害では標的の一人だった。なお金五郎は平成十四（二〇〇二）年、奄美宣教での功労により、ローマ教皇から表彰されている。

だから山田自身が、やはり子どもながらに、思っていたという。

「いつ死んでもおかしくない」

七　奄美におけるプロテスタント迫害

プロテスタント信者が奄美大島で壮絶な苦難を強いられたことは、意外に知られていない。

奄美のプロテスタント宣教は、ホーリネス教団を嚆矢《こうし》とする。ホーリネスは、十八世紀英国でメソジスト運動を創始したジョン・ウェスレーの流れを汲む。ウェスレーは沈滞傾向にあった英国国教会の信仰覚醒のため、路傍説教とトラクト（小冊子）配布による熱烈な伝道を展開した。十九世紀末、北米での信仰復興運動において、ウェスレーの唱えた「きよめ」を強調する運動が派生。「ホーリネス運動」と呼ばれた。

この運動に共鳴したのが中田重治《じゅうじ》である。中田は、内村鑑三らとともに「再臨運動」（キリストがふたたびこの世に現れることを待望する信仰運動）を全国的に展開したことで知られる。メソジストの伝道者であったが、これを離れた。ホーリネス教会を組織し、四重《しじゅう》の福音「新生（救い）・聖化（きよめ）・神癒（神による治癒）・再臨」を唱えた。

ホーリネスによる奄美宣教は、明治二十五（一八九二）年にはじまる。横浜で警察官をしていた大笠利の前久某が、名瀬で布教をはじめたという。フェリエ神父の来島は同二十四年十二月三十一日であるから、大差ない。明治三十（一八九七）年、平と赤木名でプロテスタント信者である退職警察官が布教し、数人の受洗者を得たことがハルブ神父の手記にもある。[20]また中村長八神父は、大笠利について「当字《あざ》は明治三十年以前早くも新教一派の布教に着手せし所なり」と書いた。[21]いずれもホーリネスの伝道活動を指していると思われる。また明治四十一（一九〇八）年、当時名瀬担当だったフレスノン神父が、メソジスト派の一家を含む二十五人に洗礼を授けたという。[22]これもメソジストではあれ、中田につながる、のちにホーリネスとなった系列ではなかったか。このころ、ホーリネスは東洋宣教会と称した。[23]じっさいその年の秋、東洋宣教会の遠藤千波牧師が来島。ホーリネスでは、奄美における歴代牧師のはじめに遠藤の名を挙げている。

大正元（一九一二）年、小出朋治牧師が赴任。小出牧師は中田の愛弟子であった。同年四月には中田自身が来島。集会に四百人以上を集め、四十七人に洗礼を授けた。翌る二年、あらためて中田は奄美を訪れる。二十六人に授洗したという。

日本ホーリネス教団大島キリスト教会（奄美市名瀬石橋町）で長く牧会（プロテスタント諸教会の用語。教会から選ばれ、これを組織・運営し、教会員である信者を教え導くこと。カトリック教会の「司牧」に相当する）を担った渡辺興吉牧師は、奄美のホーリネスにとって忘れることのできない存在として、小倉平一牧師の名を挙げる。小倉牧師は、一時の離任をはさみ、大正六（一九一七）年から昭和二十（一九四五）年まで牧会にあたった。

小倉牧師は明治十五（一八八二）年七月、名瀬に生まれた。十四、五歳のころ、上京。大正二（一九一三）年、受洗したという。牧師として帰島。教団から給与を得ることなく、みずからで生計を維持、宣教に努めた。

大正十五（一九二六）年、台風で木造の教会が倒壊した。小倉牧師とその妻もとは、鉄筋コンクリート造りの教会の建設を決意する。

渡辺牧師は「現在、当時を知る信者はほとんどいない。おもに教団の記録と信者たちの口承」と断りながら、次のように語る。

「小倉牧師夫妻は、機械も使わず、手ずから間口三間（約五・五メートル）、奥行き七間（約一二・七メートル）、高さ三間の教会を建てはじめた。昼は建設に従事し、夜は紬を織り、その合間に宣教にはげんだ」

苦節十五年。

屋根葺《ふ》きを目前に、小倉牧師の妻は逝った。ほどなく戦争が激化する。建築資材の徴発を受け、建設は中断の憂き目を見た。鉄筋の突き出たコンクリート壁のそびえる、新川越しに撮影された写真がいまも残る。

新川からの眺め（昭和 15 年頃）。頭ひとつ抜きん出た、屋根のまだ葺かれていないホーリネス教会が見える。

当時、ホーリネスに対する迫害は全国的に熾烈《しれつ》をきわめた。「再臨」信仰が問題視され、官憲は「イエスがふたたび世に現れたとき、イエスと天皇陛下とではどちらが偉いか」と詰問したという。昭和十七（一九四二）年、全国のホーリネスの牧師は一斉逮捕。奄美宣教にたずさわった小出朋治牧師も逮捕され、獄死した。信者も警察に連行、棄教を強要された。奄美の教会も解散を余儀なくされた。

昭和二十（一九四五）年、小倉平一牧師は亡くなった。潔癖な小倉牧師は闇米などを口にせず、餓死同然であったという。

「これは殉教だ」

奄美出身のカトリック神父が、感嘆まじりにもらしたのを記憶する。

「奄美のキリスト教迫害で、カトリックに殉教者は出なかった。プロテスタントには殉教者がいた」

その後教会は放置された。昭和二十二（一九四七）年のようすを、戦後最初に来島したフェリクス・レイ神父が記している。

現在、名瀬には約五百人のプロテスタントがいます。この島の他の村にはいません。南さんという一人の現地の牧師がいますが、彼はホーリネス教会に忠誠を誓っています。〔中略〕名瀬には一つの教会があります。壁だけが立っているだけで、現在修復作業は行われていません。[24]

小倉牧師夫妻が建設を中断したまま、手つかずに残されたすがたであった。

しかし奄美が日本復帰をはたした昭和二十八（一九五三）年、小倉牧師夫妻がのこした基礎と壁に屋根が設えられた。教会が竣工。今日に至る。

渡辺牧師は言う。

「小倉牧師夫妻が据えて七十年以上経ちますが、基礎と壁はびくともしません。いまなお健在です」

八　ゆるしの奄美

(1) 主の祈り

天におられるわたしたちの父よ、
み名が聖とされますように。
み国が来ますように。
みこころが天に行われるとおり地にも行われますように。
わたしたちの日ごとの糧《かて》をきょうもお与えください。
わたしたちの罪をおゆるしください。わたしたちも人をゆるします。
わたしたちを誘惑におちいらせず、悪からお救いください。

これを《主の祈り》という。正しくは「主禱文」(oratio dominica)。教派の別なく、訳文に多少の異同はあれ、ほとんどのキリスト教会で唱えられる。東方正教会では「主経文」という。イエス・キリストがみずから弟子たちに教えた祈りとして知られる。[25]

一節目の神に対する親しい呼びかけのあと、神の国の実現を願う祈りが三節つづく。第五節からは人間の物質的かつ霊的な充足を願うもの。とくに「わたしたちの罪をおゆるしください。わたしたちも人をゆるします」との一節は、キリスト教信仰の核心である。

これを実践するのは容易《たやす》いことではない。じっさい現代《いま》、世界のいたるところで「目には目を、歯には歯を」の応酬と増幅、すなわち「憎しみの連鎖」は後を絶たない。またわが国においても法は、更生に重きをおくより、赦免よりも厳罰化の傾向にある。

しかし、かつてこれをあらわしてみせた人たちがいた。アジアの島国の片隅に。迫害と戦争と差別の三重苦を負いながらも、信仰を守り、この《ゆるし》に生きた人びとがいた。

奄美大島のキリスト者たちである。

> 排撃の征矢は、いよいよ鋭尖を加へた。さしも頑強なりし、カトリックも、百計の施す余地もなく、改宗転向を誓う者、逐次踵を接し、昭和十年初夏の頃には、もはや、其の痕跡をも留めぬ明朗の天地が開かれたのである。〔中略〕
>
> 斯くて、名瀬町は、カ教の総本山なりし名瀬教会堂及敷地並びに附属土地建物全部を所有することとなり、其の本堂を改修して町役場と為し、附属建物を改造して会議室に充て、一方旧庁舎を其の側面に移して、宏壮なる公会堂を造営し、称へて「振興館」と呼び、凡ゆる公会の用に供し、物心両つながら其の性格様相を一新するに至った。[26]

『町史』は、キリスト教の一掃された名瀬のありさまを映し、清々《すがすが》しく誇らし気に凱歌をあげる。こうした屈辱をしのび、辛酸をなめてなお、奄美のキリスト者たちは《ゆるし》に生きた。

(2) ゆるし(その一)

戦前から終戦までつづいた迫害について、奄美大島のキリスト者はいま、多くを語らない。「一番殺し」と標的にされた久保喜助を実父とする、カトリック鹿児島教区の大野和夫神父は言う。

「小学校の低学年だったから、あまり記憶していない。すでに神父たちは追放され、ミサもなかった」

だから、

「自分の迫害体験も多くない」

大野神父の青少年期は、戦争一色。兄である忠志が迫害を避け、長崎へ転校したのも生誕前のこと。ものごころのつくころには、すでに「鬼畜米英」「神国日本」の時代。したがって、

「信仰はなかった。失っていた」

昭和二十(一九四五)年、旧制中学を卒業した大野神父は海軍予備練習生に応募した。実家が薬局ということもあり、衛生科を希望したところ、賀茂海軍衛生学校(広島県)へ送られた。

「でも、勉強どころではなかった。空襲に備え、防空壕づくりに明け暮れた」

ある日、作業小屋へ入ったところ、目の前を光が走ったように思った。小屋を出ると、山の向こうに煙が空高く昇っている。原爆だった。

終戦後、帰島した大野神父。本土から物資が届かない。薬も同様。家業の薬局を手伝うこともかなわない。慣れない畑仕事で食料を確保しなければならなかった。

昭和二十二（一九四七）年、空襲を免れた信者宅で、戦後最初の聖餐式《ミサ》（イエスが「最後の晩餐」のとき、パンとぶどう酒を用いて行った一連の動作や言葉を起源とする、カトリック教会で行われる儀式）があった。

「ご聖体（ミサで信者が拝領するパン。カトリックでは、通常「ホスチア」と呼ばれるそれが、ミサでの聖別をとおして「キリストのからだ」になる〔これを「実体変化」と呼ぶ〕という信仰がある）をいただいたとき、なつかしかった。味とにおいを思い出した」

だが、ただちに信仰を回復したわけではない。

「いまさら神さまなんて」

思いは複雑であったという。

戦後の奄美での信仰復興のなか、カトリック教会は民生事業に取り組んだ。裁縫学校や診療所などを開設。蔵書約五千冊、五十人収容の閲覧室を備えた本格的な図書館も建てた。そこで借りた一冊の本が、青年大野和夫の人生を変えた。ハンセン病救済事業に尽力したドルワール・ド・レゼー神父の著した『真理之本源』。目の覚めるような思いがしたという。

「神の存在を確信した」

その後、福岡の神学校へ進学。当時の司祭養成はラテン科二年、哲学科二年、神学科四年という八年を要する課程だった。また、とくに九州における志願者は、中学・高校時代を小神学校と呼ばれる養成機関を経て進学する。大野は当時、旧制中学、海軍予備学校、新制大学を修えていた、志願者のなかでも異色の年長者。そのうえ大野を除いて全員が小神学校時代、すでにラテン語を学んでいた。

「ラテン科では苦労した。英語やドイツ語は学んでいたが、ラテン語は学んだことがなかったから」

にもかかわらず、ラテン科を一年で飛び級し、哲学科へ。哲学一年の半ばでローマへの留学が決まった。

「優秀だったからではない」と大野神父は笑う。

「神学生のなかでいちばん高齢だから最若年層の集まるラテン科になじめず、少しでも年上の集まる哲学科でと配慮してくれたのだろうが、哲学はラテン語の教科書で学ぶので歯がたたない。気の毒に思った教授陣がローマに送ってくれた」

ローマの神学校には世界中からさまざまな学生が集まっていた。

「アジアやアフリカからの神学生はみな、ラテン語が苦手だった。はじめて周りの学生と同じレベルで勉強ができた」

これを鹿児島教区の郡山健次郎名誉司教は「かれ一流の謙遜」と言う。

「大野神父のもとでともにはたらいたとき、ラテン語文書が届くと大野神父がさっと目をとおして処理していた。教会に突然ドイツ人が訪ねて来たとき、流暢なドイツ語で対応するのを間近に見た。《能ある鷹は爪をかくす》とは、こういう人のことかと思った」

昭和三十六（一九六一）年十二月二十日、大野はローマで叙階され、神父に。帰国後、鹿児島教区内の各教会ではたらき、南九州小神学校長、鹿児島教区奄美地区長などを歴任。引退後も名瀬聖心教会協力司祭として、ミサ司式や信者の指導にあたった。

「戦争をとおして、悪から善を導く神を知った。敗戦によって日本人はみずからを見つめなおす機会を得た。人間は苦しみにあって、はじめて真実を見つめ、真理に耳をかたむけるようになる」

大野神父は言う。

「迫害も戦争も人間の弱さがまねいた。無知ではない、教育や分別のある人びとさえ加担したのだから」。そして、「迫害の急先鋒をつとめた人が戦後、洗礼を受け、信者となった」と言葉を継ぐ。

「迫害と戦争をとおして、その人は神を知ったのだと思う」

このように語る大野神父のまなざしはやさしい。その瞳に、イエスの言葉を見る思いがした。

迫害する者のために祈りなさい。[27]

隣人を自分のように愛しなさい。[28]

(3) ゆるし（その二）

「迫害のことは風化した方がよい」

山田賢三は考える。

「だれもが戦争の被害者だ」

土田碧からも責める言葉を聞かなかった。

「率先して迫害した人たちも、それぞれは善良な人たち。なにかが彼らを迫害へと駆り立てた。強いられて犯した過ちにすぎない」

子どもながらに、殉教まで思いつめた西田太も微笑む。

「みな、隣人。友だち。いっしょに天国へ行きたい」

次のようなはなしを、大野神父から聞いた。

奄美でカトリック迫害が盛んなときのこと。ある学校長は、カトリック信者が天皇陛下への尊崇を拒んでいるとして、反感を抱いていた。カトリック家庭の生徒が規律上の問題をおこしたとき、校長は棒を振るい、生徒の頭を殴った。棒に釘の付いていたのを知らなかった。生徒は出血多量で死亡。これをカトリック信者であった医師が診断、ありのままを報告することによって校長にかかる後難を憂い、事故として処理した。戦後、校長は受洗。奄美の、信仰復興の一翼を担う信者になったという。[29]

山田は、笠利小教区カトリック宣教百周年を祝った平成十六（二〇〇四）年を忘れない。記念事業として、記念碑とマリア像の建立、記念ミサや祝賀会などからなる式典を計画。式典までの日々、大笠利教会周辺の草取りや清掃などを信者でない地域住民と協力して行った。そして式典当日、教会での祝賀会。最後は八月踊り（奄美大島伝統の旧盆の踊り）を、それはノロの祭儀に由来するとされる踊りでもあるが、カトリック信者も信者でない地域住民も一つの輪になり、歌い踊った。

「戦争が地域を、信者と信者でない人とを引き裂いた。しかし、もう終わった。いまは平和に暮らしている。だれもが隣人」

土田は言う。

「迫害者を恨み、憎んでもなにも始まらない。なにも生まれない」

言葉を重ねる。

「敵を愛しなさい、迫害する者のために祈りなさい、[30]と教えられてきた」

マタイの福音によれば、《主の祈り》をイエスが教えたとき、人びとに説いたという。

もし人の過ちを赦《ゆる》すなら、あなたがたの天の父もあなたがたの過ちをお赦しになる。しかし、もし人を赦さないなら、あなたがたの父もあなたがたの過ちをお赦しにならない。[31]

大野神父、土田、山田、西田のいずれもが、口をそろえたように、「キリスト者として日々、《主の祈り》を唱え、イエスを仰ぐわたしたちの生き方」と揺るぎない。

カトリック信者で奄美市議をつとめた平敬司《たいらけいし》から聞いた。

昭和天皇崩御のとき、名瀬市議会（当時）で服喪に関する審議があった。賛意を示した平に、反対派の市議が「天皇の名のもとに迫害をこうむったのではなかったか」と詰問。平は「もし人をゆるさないなら、天の父もわれわれの過ちをゆるさない」と返答し、《主の祈り》の教えを述べたという。

「迫害の時代に投獄された牧師たちから、恨みの声を聞いたことはない」

日本ホーリネス教団の渡辺興吉牧師は語る。

　父よ、彼らをお赦しください。自分が何をしているのか知らないのです。[32]

十字架上でイエスが、迫害する者のために祈ったという聖書の一節を引き、「この言葉に出会い、戦時中の憎しみを捨て、《ゆるし》に生きた信者もいる」と重ねる。ホーリネスも礼拝で《主の祈り》を欠くことはないという。

先の大戦の惨事を語るとき、「怒りの広島、祈りの長崎」という表現がある。あくまで原子爆弾の災禍を背景としてのことと承知のうえ、あえてこれを敷衍《ふえん》して言うなら、カトリックにせよホーリネスにせよ、「ゆるしの奄美」だろうか。それは諦念でも妥協でもない。寛容にもまさる、筋金入りの、愛である。

《主の祈り》の《ゆるし》に生きる島のカトリック信者たちのことを伝えると、渡辺牧師は感に堪えないという面持ちで言った。

「信仰の勝利ですね」

九　大笠利教会の鐘

(1) 経緯《いきさつ》

戦中・戦後の逸話《エピソード》として、大笠利教会（奄美市笠利町）のアンゼラス（お告げ）の鐘のそれが知られる。

明治三十八（一九〇五）年、借家を仮教会として、大笠利教会は出発した。聖堂の完成は大正四（一九一五）年。木造平屋建てであった。

これを中村長八神父が鮮明に描いている。

今回新築の聖堂は奥行十二間（引用者註 二一・八メートル）、間口約五間（引用者註 九メートル）、日本式にして両側は幅四尺（引用者註 一・二メートル）の縁を附け、総雨戸総障子立にて、之を開放《あけはな》てば中央には一本の柱も無く、一面四十五畳、その真中に座して南を望めば鬼界が島の空遙かに、北を顧みれば翠滴《みどりしたた》る青山《せいざん》峙《そばだ》ち、東面には燦《さん》たる香台厳かに据えられたり。之に向かえば古人の夢想せし蓬莱山は此処ならずやと感ぜらる。此設計監督は斯道に熟練なるハルブ師の手に成り、堂は小なりと雖も暖國には至極適當なりと観る者口々に賞讃して措まざりき。附属の教師館も亦結構に出來上がりぬ。[33]

大正十三（一九二四）年、フランシスコ修道会のピオ・ゲネット神父が大笠利教会に着任した。神父は教会設立二十五周年（銀祝）を見すえ、鐘を発注。神父の伯母をはじめ、家族、親族、知人の支援があったという。

鐘は、フランスのサヴォア地方に所在するパカール社が鋳造した。パリのモンマルトルに立つサクレクール寺院の、世界最大級の鐘（一八・八トン）を製造したことで知られる。大笠利の鐘には聖母マリアと教皇ピオ十一世の肖像が刻まれる。

昭和二（一九二七）年、ローマ教皇大使マリオ・シャルディーニ大司教が奄美に来島。大使の大笠利教会訪問の際、鐘は祝別され、設置された。

鐘はその後、迫害下の放火による教会の焼失（昭和十一年）と戦時中の供出を免れ、宮崎県の個人宅に隔離、避難。戦後まで秘匿された。鐘をかくまったその人も、奄美での迫害から宮崎に逃れた信者であった。

昭和二十七（一九五二）年、浦和教会（埼玉県さいたま市）の献堂にあたり、かつて奄美宣教にたずさわり赤尾木や名瀬で主任司祭をつとめたマキシモ・シレル神父が鐘を所望。宮崎に秘匿された大笠利の鐘が献納され、浦和教会に設置された。

⑵ きずな

鐘がはるばる浦和教会に渡るに至ったのは、次のように考えられている。

昭和十二（一九三七）年、カトリック東京教区は埼玉県を神奈川・茨城・栃木・群馬・山梨・長野・静岡の七県とともに新設の横浜教区に委譲した。さらに同十四（一九三九）年、横浜教区から埼玉・茨城・栃木・群馬の四県が浦和知牧区（現さいたま教区）として独立。フランシスコ修道会（カナダ管区）に委託された。

独立の前年（昭和十三年）には、フランシスコ会修道院が浦和に創設されていた。奄美宣教を担当、その後転任、あるいは迫害によって島を追放された神父たちが同修道院ほか、近辺に住まっていた。これをたよって迫害から島を逃れた奄美の信者たちも浦和に集まったという。このような結縁から、シレル神父の望みに応えて、鐘は浦和に渡ったのではないか。

浦和教会信徒の本田仁郎は話す。

「わたしの父もフランシスコ会神父をたよって奄美から浦和に来た一人。当時、奄美大島の信者と宣教師とのきずなが、どれほど強かったかがうかがえる」

本田の父、仁義が島に帰省したとき、そのときにはすでに行方知れずとなっていた鐘の所在を、大笠利教会に伝えた。昭和五十九（一九八四）年、浦和教会の移転・新築にともない、鐘は大笠利教会に返還された。

浦和教会では、返還のすんなりと決まったわけではない。信徒のあいだで賛否は割れたという。昭和五十九年五月に鹿児島教区奄美地区長、大笠利教会主任司祭ならびに信徒代表の連名による返還の嘆願書が浦和に届いた。移転・新築したものの、浦和教会では諸般の事情から鐘楼が造られず、鐘は聖堂玄関に安置されていた。将来的には鐘楼を建て、ふたたび用いる意向のあったからである。意見調整は難航した。

浦和教会信徒の荒井殉は、かつて浅草教会（東京教区）の所属であった。昭和三十九（一九六四）年、浅草の新聖堂建設資金づくりのため、廃品回収を行った。田園調布雙葉の修道女《シスター》の紹介で、かつての外務次官出渕勝次宅を訪問。廃品にまぎれた昭和九年十二月十八日付出渕宛のローマ教皇大使書簡を発見した。奄美大島での迫害による信者の窮状を訴えたもの。荒井はそのとき、貴重な資料と考え、土井辰雄大司教に届けた。鐘の返還をめぐって教会の紛糾するなか、これを思い出した荒井は、東京教区で保管されていた書簡の、コピーを取り寄せ、浦和の信徒に回覧した。信徒の多くが、戦前から終戦までの、奄美における迫害をはじめて知った。鐘が秘匿され、浦和に至った理由《わけ》を覚った。迫害ゆえに浦和に神父の来たこと、これにたよって信者の集ったこと、それゆえにいま教会の浦和にあることに思い至った。信徒たちは返還を決めたという。

鐘の返還された昭和五十九年の大晦日、NHKのテレビ番組「ゆく年くる年」で大笠利教会の元旦深夜ミサとアンゼラスの鐘が全国放映された。同六十一（一九八六）年、高さ一一メートルの鉄筋コンクリート建て鐘楼が新設され、笠利にふたたび鐘の音が鳴り渡った。

(3) 地域の音色

現在、大笠利教会では、聖堂の新築を計画中である。昭和四十七（一九七二）年建造の現聖堂は、築五十年を目前に、老朽化が著しい。補修をくり返したものの、潮風や台風の直撃する立地条件もあって、外壁は爆裂を来している。鐘楼も軸受けのコンクリート部分が欠損。崩落の危険があるため、現在、鐘は撞いていない。

大笠利教会信徒会長の新納啓昭《にいろひろあき》は、「聖堂新築とあわせて、鐘楼を補強するか、解体・新築するか――を検討中」と言う。「信者だけでなく、信者でない人も含めて笠利集落全体が、教会の鐘が鳴らないのはさびしい、と言ってくれている」と喜ぶ。

教会の鐘の音が、地域の音色となっている。

「できるだけ早く、ふたたび集落に鐘の音を届けたい」

新納は意欲的である。[34]

カトリック大笠利教会の鐘

第三章　戦後の宣教

一　再会と再開

終戦後、米軍統治下にあった奄美大島におけるカトリックの宣教司牧は、本土の鹿児島知牧区から分離、フランシスコ・カプチン会に負託される。教会財産も返還されるなか、昭和二十二（一九四七）年、神父二人が来島。島に信仰生活がもどった。

カプチン会のフェリクス・レイ神父およびオーバン・バルトルダス神父が名瀬に上陸したのは、その年の九月十四日のこと。米軍基地執行役員のロン・ディクソン大尉、琉球北部米軍政府軍事裁判所スタバック判事、豊島至大島郡知事のほか、名瀬聖心教会信徒代表久保喜助、瀬留教会信徒代表郡山為業ら約百人の信者が迎えたという。

神父二人は「Head Office of The Catholic Church of Amami 財團法人奄美天主公教會事務所」と門のブロック塀に掲げられた池田嘉次郎宅を訪問した。「広い前室の中央、奥の壁を背にした祭壇には、聖心《みこころ》像が置かれて」[1]いたという。

神父不在から十三年後の宣教師と信徒との再会（正しくは、互いに初対面）のようすを、オーバン神父は次のように記している。

部屋の床には、「タタミ」と呼ばれる柔らかい藁のマットが敷かれています。私たちは、日本の家に入るときと同じように靴を脱ぎ、祭壇の前の椅子に座り、百五十人のカトリック信者が膝をついて座っているのを前にしました。裁判官の公式通訳が通訳をしてくれました。彼らのために働いてくれる司祭との再会における彼らの喜びを、皆さん、想像することができるでしょう！　フェリクス神父と私は話の中で、自分たちが何者で、どこから来たのか、我々の司教は誰か、そして宣教師として当面何をしたいのかを話しました。翌朝に二つのミサを捧げることを発表しました。皆さん、彼らの Thousand-watt smailes「一〇〇〇ワット」の満面の笑顔を、皆さんにも見せたかったですよ。[2]

「一〇〇〇ワットの笑顔」は、誇張でも外交辞令でもリップサービスでもなかったろう。土田碧は、池田嘉次郎宅での戦後最初のミサに参列したときのことを次のように述懐する。

「涙がとまらなかった。生き返った気がした」

また翌る昭和二十三（一九四八）年、大笠利の信者が建てた仮教会でのミサに参列した山田賢三はふり返る。

「信者にとって教会は心のよりどころ。かやぶきの掘っ立て小屋だったが、みな喜んだ。神父が教会に戻ってきたとき、神さまが来たような思いだった」

こうした喜びは信徒にかぎらない。宣教師もまた同様である。「一〇〇〇ワットの笑顔」との表現にとどまらない、ローマ教皇庁宛の報告書（すなわち、公文書）にさえ、信者との再会と宣教の再開の喜びが紙背に垣間見れる。宣教師の宣教地ではたらく矜持がみなぎる。

九月二十日、神父たちは島のカトリック信徒たちを訪ねるために、名瀬を出発した。至る所で、大きな喜びで迎えられた。神父たちは下記の通り、カトリック信者を発見した。

大笠利＝五百人、嘉渡＝百人、赤木名＝百四人、秋名＝十五人、赤尾木＝四十人、芦花部＝百二十人、瀬留＝百三十人、大熊＝二百人、龍郷＝三十人、浦上＝百五十人、安木屋場＝五十人、名瀬＝七百人、知名瀬＝六十人。合計＝二千百六十九人[3]

たんなる数値の列挙でない、これだけの人たちと出会い、これほどの人たちが迫害と戦災の困窮にあって信仰を保持したのだとの喜びの報告である。その喜びが「発見」という表現となってあらわれた。

村々への初訪問のあと、十月二十一日、オーバン神父は宣教活動に必要な物資の調達と宣教地の現状報告のため、グアムに発った。奄美大島に一人残ったフェリクス神父の日々は次のようである。

フェリクス神父は一人、奄美大島に残った。彼はこの間、二回目の信者訪問を一人で行い、各村々で信者たちの告解を聴き、結婚を祝福し、子どもたちに洗礼を授けた。

この機会に、フェリクス神父は人々の要望に応えて、公教要理を始めて、信徒の養成に着手した。その目的のために、私フェリクスは、全信徒たちに教会の教えを伝える「週報」を配布するために、毎週原稿を書くことにした。[4]

宣教司牧専一に邁進する、まさしく宣教師の日々がここにある。その喜び、その幸福、その矜《ほこ》り、その充実が筆致にうかがえるだろう。

再会と再開の、信徒と宣教師の別のない、島の喜びをもっとも象徴するのが、戦後最初のクリスマス・ミサであろうか。それは旧大島高等女学校の講堂であった。助産師・福永熊千代の篤信については、宮下政昭『聖堂の日の丸』などでも紹介され、有名になりすぎた。くり返すまい。ただし、クリスマスの一日を克明に綴ったフェリクス神父の書簡が残る。その日を、聖夜のかがやきを鮮明に伝えるその書簡をもって、これをふり返るのは意味のないことではないと考える。やや長くなるが、引用しておく。

星が出ていて夜は涼しかった。〔中略〕

講堂は、市内で一番大きなものです。〔中略〕

一瞥すると、整然とベンチが並べられ、大勢の人だかりが見えましたが、私の注意は祭壇に向けられていました。祭壇は仮設の舞台の上に設置されていました。〔中略〕

祭壇布の話は興味深いものです。それは約十四年前、正確には一九三四年十二月十二日にさかのぼります。その日は、奄美大島で最後のミサが行われた日です。名瀬のレンガ造りの教会〔中略〕でのミサの後、この島にはもう司祭はいませんでした。〔中略〕迫害が本格的に始まったのでした。

しかし、街には小柄な女性がいました〔熊千代産婆さん〕。教会に何よりも思いをはせていた彼女は、残された神聖なミサの器具が、異教徒の手に落ちてしまうことに耐えかねていたのです。ある夜、暗闇にまぎれて、教会に忍び込み、祭壇布を剝ぎ取り、神聖な器を持ち出して隠しました。そのことは、当時の憲兵たちの間で大きな波紋を呼び起こしました。〔中略〕彼女は尋問され、脅され、自宅は隈なく荒らされました。だが、消えた聖なる品々は発見されませんでした。十四年間、彼女はそれを隠していました。〔中略〕

今夜、その祭壇布がミサの祭壇に使われていました！　私は、ここでの最初のクリスマスが、そのような経緯で迎えられたことが、何よりもうれしかった。

ミサ自体は、敬虔深いもの以上のものでした。聖歌隊が、ミサ・デ・アンジェリスやプロプリウムの部分を、見事に演奏したからではありません。それは期待以上のものでした。二人のメンバーを除いては、一カ月前までは誰一人として、普通の聖歌の音符を見たことさえありませんでした。しかし、彼らはよくやり遂げました。

〔中略〕

私にとっても、いくつかのハイライトがありました。一つは、日本語の説教を読むことに初めて挑戦したことです。〔中略〕

ミサは一時間半ほどで終わりました。〔中略〕

ご降誕の二回目のミサは、三・五マイルほど離れた、浦上という村で行われました。米軍基地から提供されるジープが、私を連れて行くことになっていましたが、約束の時間を守ってくれません。仕方がないので、歩き始めることにしました。早朝、名瀬湾を囲むように曲がりくねった道を歩くのは、気持ちがいい。浦上は二つの村のうちの一つで、山を登らなくてもたどり着くことができます。〔中略〕

私の三回目のミサは、名瀬で行われるので、ミサが終わるとすぐに急いで帰らなければなりませんでした。このミサは、私の小さな家で行われました。着いてみると、私の部屋のすべてのものが片付けられていました。部屋の両側のふすまは、取り外されていました。人々は至る所に陣取っていました。こんなに人が集まるとは思いませんでした。子どもたちと、数人の年配者を除いて、全員が真夜中のミサに参加していました。〔中略〕

その日の夜は、学校のホールで市民のプログラムがあり、私も参加しました。それは、子どものためのお祝いでした。ここでも踊りと歌がありました。カトリックの少年少女たちはクリスマスソングを歌い、プロテスタントの人々は、自分たちの歌をいくつか披露しました。〔中略〕プログラムは六時半から始まり、十時半まで続きました。子どもたちは、長い娯楽をとても喜んでいました。[5]

迫害のあいだ秘匿された祭壇布がついに日の目を見たクリスマス深夜ミサの、信徒と神父の別のない、感動を伝える。ようやくなにものにも憚《はばか》ることなく、信仰をあらわし、これと向き合うことのできる安堵を心底味わった夜であったにちがいない。再会と再開の象徴的瞬間であった。

しかしそれにもまして印象的にして重要、かつ現代にも示唆に富むと思われるのが、ひとつは来島して三カ月にすぎず常に通訳を必要としていた神父が「日本語の説教」に挑戦したすがたであり、いまひとつは第二バチカン公会議[6]以前にあってプロテスタントとともにクリスマス市民プログラムに参加したそれである。いずれも、いかに島の人びとのなかに入ろう、島の人びとと共にあろうと努めているかがうかがえる。「インカルチュレーション」（文化内化）あるいは「エキュメニズム」（教会一致促進運動）という標語のなかった時代に、第二バチカン公会議に先立つこと二十年も前に、奄美大島においてこれの実践されている事実は重要である。

現代《いま》、日本で司牧の任にありながら、日本人を疎い、敬遠する外国人神父がいる。日本人の信仰の至らなさを非難し、じつにみずからの司牧の至らなさとは気づかない外国人神父がいる。「日本は稀有な伝統文化をもち、かつ優れた科学技術をもつ先進国だが、しかし真実《ほんとう》の、ただ一つの神を知らない。だから駄目だ」と言って憚らない。あるいはしばしば、カトリックであることの、あるいはプロテスタントであることのアイデンティティーに拘泥するあまり、いまだ相互理解に乏しい両教会の狭量を見る。

これらを思うとき、奄美におけるキリスト者たちのすがたの、米軍統治という特殊環境にあったにせよ、教示するところは尊い。

二　社会教育と医療・保健福祉

まさに「聖域は荒れ果て、祭壇は冒瀆され、門は焼かれ、中庭は林のように、あるいは山の中のように雑草が生い茂り、司祭たちの住まいも崩れ落ち……」ているのです。これが奄美大島であり、私たちは祈り、皆さんにもお祈りをお願いしているのです。[7]

戦後の奄美にはじめて来島したカトリック司祭の一人であるオーバン神父は、迫害と戦災とによって荒廃した奄美の惨状を目にして、セレウコス朝シリアの侵攻によるイスラエルの荒廃を描く旧約聖書マカバイ記の記述に重ねる。[8]
いかに信仰の復興をはたすか。
フェリクス神父は、グアムの司教とローマの修道会総長に宛てて、「我々が必要としているもの」とのリストを送付する。再宣教にあたり、周到である。

それは、

(1)司祭の増員

「一刻も早く、七人の司祭が必要です。日本語を理解し、〔中略〕根性のある人が最適です[9]」

(2)伝道師養成学校

「フルタイムの仕事のための、カテキスタ（引用者注 要理教育者）を訓練するため[10]」

(3)教会の修復

「カトリック信者のほとんどは集まる場所がなく、個人の家で行わなければならないので、これは非常に重要なことです。〔中略〕芦花部の教会を除くすべての教会は、大規模な修繕を必要としています[11]」

(4)教育

「優れた教育プログラムがあれば、民間政府当局と、教会の関係は大きく改善されるでしょう。フランス系カナダ人の神父たちは、このことをよく理解していました。彼らは女子高校の建設に着手して、追放される一年前までは、順調に運営していたのです[12]」

(5)診療所

「戦前、二つの村に診療所がありました。〔中略〕現在のところ、これらの施設は、非常に必要とされています。医者も少なく、医療品もほとんどありません。この二つの場所の人々は、私たちに再び診療所の設立を依頼してきました[13]」

(6)ハンセン病患者
「ハンセン病診療所を世話してくれないか、と民政府から尋ねられました[14]」
――というものである。

宣教にかかる事業を除くなら、ほかすべてが教育ならびに医療・保健福祉事業である。これらのうち、(4)のみが実現されなかった。当初「教育」において目指されたのが、女子高校の再建であったからである。いわばこれの代替として、翌年には図書館が挙げられている。

今年は、少なくとも以下のような作業を始めたいと考えています。〔中略〕
4．図書館　人々は本を読むのが大好きです。すべての人が、司祭に直接尋ねる勇気があるわけではありませんが、彼らは手に入るものは何でも読みます。図書館は、それがなければ決して得ることのできない、教会の知識を得る機会を提供してくれます。[15]

「いま、なにを必要としているか」と神父が信徒たちに訊ねたところ、「図書館」との回答が多数寄せられたからであると、大野和夫神父は語る。

図書館は昭和二十四（一九四九）年十二月一日、開館した。

十二月初めに図書館がオープンして以来、あらゆるタイプの人々がとりこになっています。

政府関係者や教師を筆頭に、高校生の男女が定期的に訪れています。高校生の少年少女は定期的に閲覧、勉強、本を借りに来ています。子どもたちがキリストの生涯を描いた「漫画本」的なものを借りに大勢来ています。[16]

大野神父が、図書館で借りた本をきっかけに信仰を回復、司祭を目指したのはすでにふれたとおりである。神学校への入学を決意するまで、図書館で司書業務を手伝っていたこともあるという。

このように、(1)、(2)、(3)の教会事情にかかわるものを除き、戦後の奄美宣教で目をひくのが、社会教育と医療・保健福祉を中心とした民生向上への貢献である。とくに医療・保健福祉についてはめざましかった。

三　カトリック診療所

(1) 西仲勝

戦前、カトリック教会の運営する診療所は奄美大島に二カ所、大笠利と赤尾木にあった。大笠利のそれは教会、幼稚園、および司祭館とともに、放火によって焼失（昭和十一年）。赤尾木のそれについては詳らかでない。[17]
昭和二十三（一九四八）年の夏、カトリック診療所が西仲勝《にしなかがち》（現奄美市名瀬）に開設される。これまで二十四年二月とされてきたが、どうやら事業の着手は半年ほど早かった。これを昭和二十四（一九四九）年二月十七日付修道会総長宛のフェリクス・レイ神父による書簡が証す。[18]

昨年の夏には、常駐の医師がいない村・西仲勝を選んで、診療所の仕事を始めました。この村にはカトリック教徒が一人もいませんでしたが、人々は非常に協力的で、かなりの費用と犠牲を払って特別な建物を建てました。この仕事は、カトリックの医師と二人の看護師が担当しています。託児所は今月オープンします。[19]

米国のカプチン会の会報（一九五〇年）には、次のように記されている。

第四の活動は「西仲勝カトリック診療所」です。小湊・西仲勝地区の人々が教会の援助を受けて、村の敷地内に新たに建設した診療所に関連して、教会は常駐の正看護師二名（一名は未経験の助産師）、管理人の高齢女性、医師（カトリック信者の永田清成先生、一九五〇年の大島医師会長）の無料奉仕によるものです。薬品や医療機器も教会から提供されていましたが、永田先生の協力援助に負うところが多い。[20]

永田清成医師は名瀬から週一回通い[21]、無料診療であったという。

このプロジェクトは特に貧しい人々、つまり《病める貧乏人》を対象としていたため、検査、治療、薬などの費用は一切かからず無料診療でした[22]。

そして「一九五〇年六月三十日に終了した年度には、三一二一件の患者がこの診療所で治療を受け」たという[23]。昭和二十六（一九五一）年の報告では「毎日平均百人の患者」があったとしている[24]。

永田医師は、明治三十一（一八九八）年、笠利に生まれた。長崎医学専門学校（現長崎大学医学部）を卒業。名瀬で開業した。名瀬ではまだ開業医の少なかった時代。専門は内科であったが、外科や婦人科も手がけた。内視鏡など、高度な医療機器もなかった時代である。触診で判断、治療した。終戦直後などは、メスも手に入らず、消毒した包丁を用いて施術したこともあったという。

永田医師の次男・浩道の妻、千稔子《ちねこ》は、寸暇を惜しんで医学書を読む義父のすがたを記憶する。島民がいまよりもずっと貧しかった時代。診察代は「余裕のあるときで構わない」と患者を帰しているのを何度となく見た。また千稔子が泊まっていたある晩、深夜の二時、三時ごろ、医院の扉をはげしく叩く音がする。怖がって躊躇していると、永田医師がみずから迎え入れた。腹部に激痛を覚えたため、何軒か医者をまわったがどこも相手にしてもらえず、永田医院まで来たのだという。施療後、落ち着いた患者が涙しながら感謝を述べていたのを忘れない。そのとき、永田医師は八十歳を過ぎていた。

「苦しんでいる人、困っている人を放ってはおかない、キリスト教精神にあふれた人でした」だから、病気にかぎらない、相談ごとも多かった。奄美大島東北端の笠利地区から医師を慕って、わざわざ名瀬まで診察に訪れ、家族のもめごとまで相談していく患者も少なくなかったという。平成七（一九九五）年、逝去（享年九十七）。葬儀には、その人柄もあってのことだろう、名瀬聖心教会のはじまって以来、最多の弔問者が集まったとも言われている。

(2) 赤尾木

昭和二十六（一九五一）年の春、赤尾木にも診療所が開設された[25]。信者婦人二人が勤務。瀬留の郡山勇《たけし》医師が、週一回診療（無料奉仕）した。月平均六百二十人の診察があったとされる（昭和二十七年統計）。

龍郷村赤尾木にも診療所が建設されました。カトリックの女性二人が出向し、そのうち一人は正看護師と助産師でした。龍郷村瀬留のカトリック医師である郡山タケシ先生が、毎週のように診察や治療に訪れていました。[26]

郡山勇医師は、長崎医学専門学校（現長崎大学医学部）を卒業。尼崎（兵庫県）で開業した。博士論文執筆のため、日中は京都帝国大学医学部衛生学教室ならびに眼科学教室に通い、夜間診療をもっぱらとしたという。尼崎には、奄美出身者も多かった。島人《シマッチュ》のため、専門の眼科以外も診療。郡山医師の甥、のちに名瀬の郡山眼科を継いだ郡山昌太郎医師の妻、紀子は言う。「当時は《なんでも屋》、婦人科もした、と聞いています」

博士論文の「緒言」には「京阪地方、京城地方、奄美大島地方並ビニ台湾ナル高砂族ニ就キ其ノ生活環境ト近視ノ発生状態トヲ観察シ、又近視ト体格等トノ関係ヲ調査[27]」とある。近畿一円、出身地の奄美はもちろん、当時日本の領土とされた朝鮮半島や台湾にも渡り、その先住民族にまで及ぶフィールドワークを敢行した（「第二章　調査對照」には、調査総数は「一万八千四三九人」とある。また「台湾ニ於ケル高砂族ニテハ」として、タイヤル族、アミ族、ブタン族など、五つの部族名が挙がる）[28]。さらに日常生活の調査を加え、論文「近視ノ分布ト環境並ニ之ガ發現ニ及ボス日常生活ノ影響ニ就テ」を完成。京都帝大に提出し昭和二十（一九四五）年七月九日、博士号を授与されている。

奄美に帰島し、瀬留で開業。「往診のとき、たぶん赤尾木のカトリック診療所へも、馬でかよっていた」と郡山医師の甥で昌太郎医師の弟である、カトリック鹿児島教区の郡山健次郎名誉司教は記憶する。いつまで馬の送迎であったかは定かでない。送迎があったというのは確かである。オーバン神父も書いている。

今日の昼、郡山先生を赤尾木に連れて行くのに間に合うように瀬留に来ました。[29]

昭和二十七（一九五二）年一月、奄美・沖縄宣教を担う米カプチン会カルバリー管区が、シカゴ「カルバリー管区」とニューヨーク「マリアの汚れなき御心管区」とに分離された。奄美・沖縄を担当することになったニューヨーク管区の人員不足、地理的拡大による負担を考慮、宣教地の分割が検討される。ローマ教皇庁は、カプチン会が北部南西諸島（奄美大島、喜界島、徳之島、沖永良部島、与論島）の宣教司牧をコンベンツアル・フランシスコ修道会に委譲するよう指示した。

これにともない、赤尾木診療所は閉鎖。郡山医師も瀬留を離れ、名瀬で開業した。

高校通学のため、名瀬の郡山眼科に下宿した郡山司教は言う。

「いつも『真理之本源』という本がテーブルにあった」

先にもふれた、大野和夫神父が戦後信仰を回復するきっかけとなった、ドルワール・ド・レゼー神父の著書。それは当時、カトリック者にとって修養の書であったのだろう。

「朴訥な人だった」

⁂

なお昭和三十三（一九五八）年には、名瀬カトリック診療所が開設された。国立ハンセン病療養所奄美和光園の大西基四夫園長夫人である大西ヒサ子医師が所長を務めた。大西夫人の扶助による事業を、和光園に勤める浦上の信徒、松原若安《じょあん》が提案したことに始まるという。

まずは大西先生の奥さんのお蔭で、診療所を開きました。そこでは、大西さんは貧しい人が支払うのを断ったのですよ。診察費は無料でした。私たちは、修道院の隣の家を増築しました。ナカイさんが、診療所の事務を手伝い、書類整理を担当して、人々に生活保護を受ける権利を指導したり、書類の作成を手伝ったりしていました。[30]

四　裁縫学校

ところで、民生向上の事業において追記しておきたいのが、裁縫学校の存在である。奄美大島にかぎらない、戦後の南西諸島全域において、衣料の乏しさ、貧しさは宣教師たちの目にとまった。フェリクス神父は書いている。

私は、他にもいくつかのプロジェクトを進めています。ひとつは、貧しい人々が衣服を手に入れるための方法を見つけることでした。去年の五月にグアムに行ったとき、かなりの量の布の残り物を手に入れることができ、四台のミシンを購入しました。〔中略〕このプロジェクトは、カトリックの女性たちが中心となって進められています。このようにして、私たちは、貧しい人たちに衣服を配布することができました。私はこの仕事を他の村でも始めたいと思っています。[31]

裁縫学校は昭和二十三（一九四八）年六月、「聖母の洋裁学校《ドレスメーカー》」との名称で名瀬に開校した。十六台のミシンを備え、貧しい人への衣料支給と職業訓練を目的として運営された。詳細は次のとおりである。

もう一つの活動は、貧しい人々のために衣服の準備をすることでした。この仕事は、まだ私たちの若いカトリックのカップルが所有、管理している「聖母の洋裁学校」によって行われています。また、グアムのカトリック信者からの贈り物として、十六台のシンガー・ミシンとフェリクス教区長がグアムで購入した大量の布や古着、そしてグアム、沖縄、アメリカのカトリックとカトリック以外の友人たちから提供された糸がこの活動に使われました。[32]

名瀬の裁縫学校のほか、大熊、浦上、芦花部、瀬留、赤木名、大笠利には裁縫センターがあった（一九五〇年十二月時点。沖縄では那覇に裁縫学校）[33]。衣類の供給が急がれたからである。「衣・食・住」とは言うのである。
宣教師の目的は、ひとえに島の人びとの恥辱と困窮からの解放にあった。

人々は衣類に関しては、かなり苦労しているので、私たちは彼らを助けようとしています。〔中略〕
奄美大島の芦花部、大熊、浦上、瀬留、大笠利に裁縫センターがあります。〔中略〕奄美大島では、これらの裁縫センターの主な目的は、人々の衣服を提供することです。この仕事からの収入は期待していません。〔中略〕
この活動に関連して、裁縫学校を運営しています。私たちは、貧しい人たちを助けることに興味があるので、この裁縫学校の入学金を徴収していません。費用はほとんどかかりません[34]。

五　国立療養所奄美和光園

(1) 沿革

医療・保健福祉の分野において特筆すべきは、ハンセン病施設、国立療養所奄美和光園でのカトリック教会の活動である。

和光園の設立は昭和十八（一九四三）年。戦時下のため、安定した運営は望めなかった。劣悪な設備、物資と人員の不足など、入所者は苛酷な環境に苦しめられた。戦争の激化とともに入所者も離散、終戦を迎えた。

昭和二十一（一九四六）年、「二・二宣言（北緯三〇度、吐噶喇列島以南を日本から分離、米軍統治とする宣言）」により、奄美群島は沖縄とともに日本から行政分離。米軍統治下の同二十二（一九四七）年、特別軍政布告第十三号「癩《らい》患者強制収容布告」が発せられ、患者の強制収容がなされた。

このとき、定員百人のところを、百七十人収容。病棟ではまかなえず、事務本館や治療棟に押し込まれたという。医師も正規の看護師もいない。食事は自炊。重度の患者の看護、身体の不自由な患者の介護、亡くなった患者の火葬に至るまで、入所者みずからが負わねばならなかった。

当時入所を強いられた牧ひろし（本人の希望により仮名）は語る。

「治療のためではない。強制隔離だった」

翌る昭和二十三（一九四八）年、沖縄愛楽園から百三人が引き揚げ入所。入所者は三百人を超えた。しかし依然、専門医師の着任はなく、本土の国立療養所にくらべ医療も貧弱、物資も乏しく過酷な状況であったという。改善は日本復帰以降を待たねばならなかった。

(2) 優生保護法に抗して

同年、優生保護法が施行される。不良な子孫の出生抑制を目的とし、遺伝性疾患、遺伝性以外の精神病、およびハンセン病を思う人の断種と妊娠中絶が合法化された。しかしハンセン病患者の断種・妊娠中絶は、非合法時代、既成事実として実施されていた。優生保護法は断種の追認のみならず、中絶の正当化をも図った人間の尊厳を冒瀆するもの。各地の療養所で人工妊娠中絶などによるホルマリン漬け胎児等標本の存在が明らかになった現在、厳しい批判にある。

こうした峻厳な状況下、他の療養所で慣行された断種や中絶について、和光園では異なる歩みがあった。カトリック教会が、妊娠・出産・保育・養育のシステムを構築。入所者が子どもを授かることを可能としたのである。

六　パトリック神父

(1) ハンセン病施設で、出産・子育ての環境を築く

昭和二十四（一九四九）年、浦上教会の信徒である松原若安《じょあん》がハンセン病施設、国立療養所奄美和光園での宣教を開始する。「ハンセン病診療所を世話してくれないか、と民政府から尋ねられ」たのはすでにふれた。[35] 昭和二十五（一九五〇）年には教会が立ち上げられる。

奄美大島のハンセン病患者のコロニー（療養村・和光園）の一つを、訪問することを始めました。カテキスタの一人が週に四回、神父の一人が週に二回、コロニーでミサを行っています。ほんの少し前には三十六人の洗礼者がいました。[36]

昭和二十六（一九五一）年、パトリック・フィン神父が和光園担当司祭として赴任する。神父は、断種・中絶に反対した。同二十七（一九五二）年、松原が和光園事務長に就任。神父に共感し、園内で生まれた子どもを出生直後に親から離して、園あるいは自宅で保育した。同二十九（一九五四）

年には、園内で誕生した新生児を教会があずかることになる。

任期満了にともない離任したパトリック神父の後任、ゼローム・ルカゼウスキー神父がその年、ハンセン病未感染乳児収容所こどもの家（のちの「名瀬天使園」）を西仲勝に創設した（運営は、ショファイユの幼きイエズス修道会）。神父は昭和三十四（一九五九）年、児童養護施設「白百合の寮」を設立（現イエスのカリタス修道女会に委託）。ここに入所者の妊娠・出産・保育・養育環境が整った。

(2) 寝食を共に

一連の環境整備を構想し、牽引したのはパトリック神父である。

神父は厳律シトー修道会（トラピスト会ともいう）の修道士であった。トラピスト会は観想修道会。通常、修道院内で祈りと労働に専心する。院外へ出ることはない。神父はハンセン病患者救済への献身を希望し、ローマ教皇庁の許可を得たという。

このあたりの経緯を先に引用したフェリクス神父の書簡が簡単にふれている。

> 少し前に、アメリカのある司祭から、彼ら（引用者註 ハンセン病患者）の間で働かせてもらえないかと頼まれました。彼はゲテサミにある観想修道院に所属しています。彼は、本当にこのような仕事

をすることが摂理にかなっていると考えています。彼の上司は、非常に素晴らしい推薦状を出してくれたので、私は彼を三年間の期間でこの仕事のために受け入れました。[37]

昭和二十六（一九五一）年、パトリック神父は奄美・沖縄宣教を担うフランシスコ・カプチン会と約定書を交わし、奄美に来島。和光園担当司祭として着任した。三年契約であった。

これはパトリック・フィン（O・C・S・O＝引用者注　厳律シトー修道会の略）と、カプチン会のセント・ジョセフ管区との間の暫定的な契約です。〔中略〕

パトリック・フィン神父は、モンシニョール・フェリクス・レイの管轄下にあるハンセン病療養所で三年間働くことを約束する。〔中略〕

一九五一年一月十五日[38]

昭和二十八（一九五三）年、和光園専任司祭となったパトリック神父は、同園に隣接する教会敷地に司祭館を設け、移住。文字どおり「寝食を共に」する生活を送る。ひたすら入所者に尽くした。「みずからの分がなくなっても、配給を入所者に分けあたえていた」

そのようなパトリック神父のすがたを、牧ひろしは忘れない。

あるとき、台風が奄美を襲い、川が氾濫。長らく水に浸かって和光園は孤立、食糧が絶えた。するとパトリック神父が米俵を担いで一人、腰まで水に浸かりながらも、濁流を渡って来る。湖で溺れかけたペトロを助けるため湖面を歩いたというイエスのすがた、あるいは湖上で嵐をしずめたというイエスのすがたが、牧の目には重なって映ったという。

「ほんとうに救い主《キリスト》でした」

イエスのすがたは、十字架磔刑像も手伝って、瘦身な人のイメージされることが多い。だがイエスは本来、大工を生業《なりわい》としていたとされる（マコ六・三参照）。ギリシャ語原文「テクトーン」は「切る人・削る人」の意。英語なら「カーペンター」、日本語なら「大工」と訳すのであるが、当時のパレスチナにおける大工仕事が扱った素材は、山から掘り起こし、切り出してきた石の塊である。これを切って削って積み上げげる。したがって大工と言うも、その実質は「石切り」「石工」である。ならば、じっさいは筋骨たくましい肉体の持ち主であったかもわからない。パトリック神父が、こうした屈強なイエス像を想わせるに足る人であったことは事実だ。のちに事業を引き継いだゼローム神父が書いている。

私たちは皆、パット神父（**引用者註** 宣教師たちのあいだでのパトリック神父の愛称）を非常に熱心で疲れ知らずの宣教師として尊敬しています（彼は六フィート二インチという巨体の持ち主です）。[39]

六フィート二インチ、すなわち約一八八センチメートル。「巨体」にちがいない。

神父の献身のもと、同園の信者数は増加。着任時、五十人だった信者数はその年、百四十人を超えた。入所者の神父への信頼の篤さがうかがえる。

一九五一年八月、温かい心と人懐っこい笑顔をもつ、トラピストの修道士であるパトリック・フィン神父が、自分の人生と愛をハンセン病者に捧げるために島にやって来ました。パトリック神父は、彼らが自分の苦しみを通して、私たちの主イエスの苦しみを、特別な方法で分かち合うことができることを、これらの人々に示すのに大いに役立ちました。[40]

相撲に興じるパトリック神父（国立療養所奄美和光園蔵）

じっさいパトリック神父は屈託のない、真直な性格であった。なによりハンセン病を正しく理解していた。世の多くが、場合によっては医師までもが、これを誤解・偏見し、忌避していた時代にあって、その病が決して遺伝ではなく、またその感染力も強くないとの認識にあった。

これを証す一枚の写真がある。入所者とともに相撲に興じるパトリック神父は、まわしすがたで写っている。当時、多くの人びとがハンセン病患者を嫌忌し、接触をおそれたなか、肌ふれ合うのも厭わなかったのである。

たとえば、ハンセン病に対する誤解と偏見の濃かった当時の、人びとの一般的な態度の知れる逸話を作家・遠藤周作が書きのこしている。遠藤が東京で学生時代に暮らした、地方出身のカトリック信者子弟のための聖フィリポ寮（現真生会館）では毎年、ハンセン病療養所を訪問し、交流を行っていたという。

寮では年中行事として寮生が、春、御殿場の復生病院を慰問することになっていた。この病院はハンセン氏病――つまり癩《らい》病の病院で、寮の創設者岩下神父が、生前院長をやられていたのである。

今とちがって癩にたいする恐怖が世間に強い時だった。慰問の日が近づくにつれて、私は自分が素直な気になれないのを感じた。霧雨のふる日にその病院に行き、患者さんたちの前で芝居をやったり詩を朗読したのち、病院の運動場で患者チームと野球をやった。私は塁と塁との間で二人の患者にはさまれて、思わず立ちどまった。私のその時の表情を見て、ボールをタッチしようとした患者が手をおろし、

「お行きなさい。触れませんから」

と呟《つぶや》いた。その時の彼の声もその後の言いようのない自己嫌悪も、今でもはっきり思い出す。[41]

ユニフォームなり体操着なり何らかの着衣の状態ではあったはずである。そのうえ、ボールを握った手も野球用グラブをはめていたろう。にもかかわらず、入所者の接触《タッチ》をおそれた。

このような時代にあって、パトリック神父はまわしすがたで入所者と相撲した。神父の病に対する理解と入所者への愛情にゆがみもなく曇りすらなかったことが、一枚の写真にうかがい得るのである。

(3) 子どもは神の子

パトリック神父は優生保護法の非を説いたという。

「結婚によって子どもを授かるのは自然なこと。神の摂理。結婚をゆるしながら出産をみとめないのは、神の摂理に反する」

信仰からだけでない。人道的にも批判した。

「日本国憲法は基本的人権の尊重を明記する。ならば入所者の出産をみとめないのは人権無視。差別である」

神父が常々語ったとされる言葉は透徹している。

「子どもは、だれもが、神の子」

のちに構築された和光園における妊娠・出産・保育・養育システムは、次のようにしてはじまった。

パトリック神父から私に送られてきた手紙のコピーを同封します。それはハンセン病療養所で生まれようとしている子どもに関するもので、パトリック神父は、大熊の未亡人がその子どもの世話をすることを許可してもらえないかと思っています。[42]

ハンセン病は遺伝ではなく、また感染力も強くないため、患者から生まれるにしても、母胎から分娩と同時に引き離して養育するなら感染せず、問題の生じないことはすでに知られていた。[43] これをふまえてのことであると思われる。やがてこれは次のように進展する。

浦上の教会の敷地内に和光園の子どもたち三人のための家を建てる計画を進めることができますように、あなたの祝福をお願いしたいと思います。もし、行政が和光園教会の旧司祭館で子どもたちを預かることを認めてくれれば、しばらくの間はこの計画は必要ないかもしれません。当面は若い女性二人が月四千円で子どもたちの世話をし、松原夫妻が手を貸してくれることになりました。[44]

園で生まれた未感染乳児を教会で引き取り、松原若安夫妻と娘の洋子を中心に保育・養育する体制が整いつつあるようすがうかがえる。そしてこれが「こどもの家」（のちの「名瀬天使園」）として結実する。

出産のため、他所の施設から和光園に移ってきた患者もあったという。

入所者のパトリック神父への感謝と敬愛の念はいまもかわらない。和光園自治会事務所の壁には、歴代園長の写真とともに、神父の写真がある。

牧は語る。

「生涯忘れられない人」

(4) わたしたちの病、わたしたちの痛み

パトリック神父を和光園での献身へと駆り立てたのはなにか。

聖書はイエスがたびたびハンセン病患者を癒すのを伝える。当時、イスラエル・ユダヤ共同体では、聖潔を保全するため、患者を忌避。共同体生活から隔離した。しかしイエスは、禁忌をこえて交わった。キリスト者にとって、ハンセン病患者を迎えることはイエスにならう意味をもつ。

また、旧約イザヤ書の一節に想起されるところは大きい。

彼はさげすまれ、人びとに見捨てられ、
多くの痛みを負い、病を知っている。
彼はわたしたちに顔をかくす。
わたしたちは彼を軽蔑し、目にもとめない。
彼が担ったのはわたしたちの病。
彼が負ったのはわたしたちの痛み。
にもかかわらず、わたしたちは、
彼は神の手にかかり、打擲《ぶた》れ、
苦しんでいるのであると、思っていた。
彼が刺し貫かれたのは、
わたしたちの背《そむ》きのため、
わたしたちの咎《とが》のため。
彼の受けた懲罰によって、わたしたちに平和があたえられた。
彼の受けた傷によって、わたしたちは癒《いや》された。[45]

ここにキリスト者は「業病を患う」ハンセン病患者と「受難の救い主《キリスト》」たるイエスとの一致を見

る。「罪人《つみびと》の病」と、代苦贖罪的「救い主の病」という両義性を読む。ハンセン病は、イエスが担った人類の罪とそれゆえの苦しみに等価である。「わたしたちの病」であり「わたしたちの痛み」である。

パトリック神父は、これを生きたと思われる。イエス自身であるかのように「わたしたちの病」を負った人びとに、「わたしたちの痛み」に苦しむ人びとに、イエス自身であるかのように仕えたのである。ハンセン病患者にイエスを見、みずからをイエスに似せようと努めたのである。[46]

(5) 恵みと光

奄美市大熊出身の、少年時代にミサでパトリック神父の侍者をつとめたというカトリック那覇教区の押川壽夫名誉司教は語る。

「パトリック神父はとても親しみやすい、型破りの神父だった。だれもがハンセン病患者を忌避した時代にあって、完全に入所者と生活を共にした。入所者をこよなく愛した。だから信者、非信者の別なく、入所者から愛された」

押川司教は、入所者が神父を敬い、その写真が各家庭に飾られていたのをおぼえている。

牧は言う。

「パトリック神父はわれわれにとって、神さまのような人。少なくとも、ここには神のはたらきがあった」

ハンセン病患者へのキリスト者の献身は、奄美のパトリック神父にかぎらない。そのはたらきの、世間により名の通ったキリスト者は少なくない。カトリックなら、神山復生病院（静岡県）の、岩下壮一神父の名が浮かぶ。晩年にカトリックの洗礼を受けた光田健輔は、わが国のハンセン病医療の第一人者。大正四（一九一五）年、内務省に「癩予防法ニ関スル意見」を提出、絶対隔離を主張し、この年から男性患者の断種手術をはじめた。全生病院（のちの国立療養所多磨全生園）院長、わが国初の国立療養所長島愛生園（岡山県）の園長などを歴任、「救癩の父」と謳われた。

無教会主義（内村鑑三により提唱され、教会によらず聖書本来の信仰のあり方を目指す）キリスト者であった小川正子は、長島愛生園の医官として患者の隔離収容を率先。その活動の産物である著書『小島の春』（昭和十三年）は映画化もされて人気を博し、「救癩の天使」「白衣の戦士」と賞賛される。クエーカー（プロテスタントの一教派。「キリスト友会」または「フレンド派」とも呼ぶ）の影響を受けた神谷美恵子の、同じく長島愛生園でのはたらきも、そのうるわしい著作や「美智子皇后の話し相手」といった高貴なイメージと相俟って、半ば神話化されている。あるいはキリスト教社会主義に依拠、「貧民街の聖者」として戦前にはガンジー、シュヴァイツァーとならぶ現代の「三聖人」と称えられた賀川豊彦は、「日本ＭＴＬ」（Nippon Mission To Lepers）を立ち上げ、救癩活動にも献身した。

しかしながら、かれら名の知られたキリスト者たちの活動は、国策としての隔離政策を支持。むしろこれを前提とした。当時の「救癩」キリスト者のメンタリティーは、キリスト教伝道師から「救癩」看護師へと転じた三上千代の、次の一文が象徴する。

美はしき日本よ、桜咲く国よ、富士の霊峯に、大和魂に誇りの多き我国、殊には、畏れ多くも、万世一系の皇統を頂く、世界に比類なき、神々しき我国に、生を受けた我々は、如何ばかり恵まれた国民でありませう。然し乍ら、茲に我らに、唯一の恥辱が残されてあります。それは「癩病の一等国」といふ、有難くない名称でよばれて、列国から侮辱されてをる事がありま す。[47]

「救癩」とは、患者を救うというよりはむしろ、日本を救う、すなわち「祖国浄化」「民族浄化」を意味した。これの達成目標こそが「無癩県」。ハンセン病患者の一人として存在しない皇国。そのための患者の収容と隔離（すなわち強制隔離政策）であった。これは「癩」を罪のメタファー、また罪の結果と見る聖書記述ならびにキリスト教神学理解とも親和。だから妊娠・出産もみとめない。断種・中絶を敢行。なぜなら、患者に連なる血統の根絶をもってまたハンセン病の撲滅が目指されたからである。優生学へのかたむきは否めない。かれらのハンセン病患者への献身と愛は、きわめて独善的にしてゆがんでいたと言ってよい。

こうした一連のキリスト者による救癩活動の、ナチス・ドイツによる対ユダヤ政策に近似する差別的本質は、「祖国の血を浄化せよ」と題した岩下壮一神父の講演に顕著である。

癩は〔中略〕日章旗の汚点である。それを洗ひ落とさねばならんといふのは吾々も同感するところである。〔中略〕ドイツのある民族主義者は「血を潔める」といふことを叫んでゐるが、何もドイツ人の血のみ秀れてゐるとは思はれぬ。吾々日本人の民族の血が如何に尊いかを思ひこの血を通して如何に吾民族が発展していくべきかを考へる。〔中略〕愛国心から解決するように尽さねばならぬ。[48]

現代、かれらキリスト者の欺瞞は批判を免れない。強制隔離政策に便乗しての「救癩」活動そのものが、そこでなされた断種・妊娠中絶も含め、人間の主体性を剝奪、責任主体としての個人を蔑《ないがし》ろにしてきたことに疑う余地のないからである。[49]

したがって和光園が、パトリック神父の献身と愛ゆえに、妊娠・出産などが可能であったがゆえに、楽園であったとは言わない。奄美のカトリック教会のはたらきを、積極的な意味で、黙認したということでかつての隔離政策に連なるその責任が回避され、罪が償われるとは言わない。

しかし、パトリック神父をはじめとする入所者の救済に努めた人びとも、また信者、非信者の別なく、入所者自身も、双方が神を、あるいは神のはたらきを双方に見ていたことは重要である。強制隔離はあった。免責を企図・主張するのではない、だが妊娠・出産・保育・養育を可能とした。これに尽力した人、これに守られ救われた人のあった事実。他の療養所にない状況をもたらし、児童福祉につないだ実践は過小評価されるべきでない。妊娠・出産は体制次第で可能であったと実証、隔離政策そのものの無意味を突きつける。

数年前、東京でのことだ。ていねいに折りたたんだ拙稿の初出記事を手に「わたしも和光園で生まれ、天使園、白百合の寮で育ちました」と筆者に告げる人と出会って驚いた。「和光園に生まれたお蔭で、ホルマリン漬け標本にもならず、生きてこれました」。牧の語るように「ここには神のはたらきがあった」のである。

現在、ハンセン病問題啓発のために行われる療養所訪問事業のなかで、和光園の入所者はかならず語る。

「和光園には、恵みがあった。光があった」

この言葉を看過することはできまい。

同園のみならず、奄美大島に福音の生きた証しである。

七　ゼローム神父

(1)　経歴《プロフィール》

パトリック神父の離任後、国立療養所奄美和光園での取り組み、ハンセン病未感染乳児収容所「こどもの家」（のちの乳児施設「名瀬天使園」）ほか、奄美大島における福祉事業計画は、後任のゼローム・ルカゼウスキー神父に引き継がれた。

ゼローム神父は一九二二年、米コネチカット州ニューヘブンに生まれた。カトリック信仰の篤い家庭に育ち、幼少期から司祭をこころざしたという。

一九四一年、コンベンツアル・フランシスコ修道会に入会。一九四五年、終生誓願を宣立、一九四八年に司祭に叙階された。

先にもふれたように、昭和二十七（一九五二）年一月、南西諸島の宣教司牧を担うカプチン会が北部地域（奄美大島・喜界島・徳之島・沖永良部島・与論島）をコンベンツアル会に委譲。これにともない同年十一月、ゼローム神父が奄美に来島した。このときの、フェリクス・レイ神父の第一印象は次のとおりである。

> アメリカの聖アントニオ管区から、コンベンツアル会の二人の神父、ゼローム神父とルカ神父が到着したことをお知らせするための短いメモです。〔中略〕
> ゼローム神父は三十歳の若い神父で、叙階されて四年間、主に小教区で働き、真面目だが明るく物事の両面を見ることができるという印象を受けました。私は彼の判断を尊重したいと思います。〔中略〕二人の神父は、特にその明るさ、従順さ、謙虚さ、そして慈愛の心が際立っています。[50]

昭和二十九（一九五四）年、ゼローム神父は奄美諸島宣教地区総代理に就任した。

翌る三十（一九五五）年、神父は「こどもの家」をショファイユの幼きイエズス修道会に引き継いだ。三十四（一九五九）年、「こどもの家」は児童福祉法の認可を受け、乳児施設「名瀬天使園」に。次いで神父は、児童養護施設「白百合の寮」を設立。宮崎カリタス修道女会（現イエスのカリタス修道女会）に委託した。四十一（一九六六）年には、知的障害児施設「希望の星」学園を赤尾木に開設する（運営はクリスト・ロア宣教修道女会に委託）。さらに神父は、名瀬カトリック診療所の開設・運営に便宜を図ったほか、加計呂麻島《かけろまじま》（奄美大島の南、大島海峡をはさみ大島の南岸と向かい合わせに位置する）の西阿室《にしあむろ》のマリア観音像を米国の各地で展覧、物資や資金の援助を募るなどして、島の民生向上と福祉の充実に努めた。

こうしたゼローム神父の福祉を中心とした活動は、地元の高い評価を得た。いつしか「奄美の社会福祉の父」と呼ばれるようになる。長年の社会福祉活動の功績から昭和六十二（一九八七）年、南日本新聞社「南日本文化賞」を受賞。平成元（一九八九）年には南海日日新聞社「南海文化賞」。同二（一九九〇）年、財団法人毎日新聞社社会事業団「毎日社会福祉顕彰」。そして同四（一九九二）年、名瀬市（現奄美市）名誉市民となった。

(2) 荒れ野の叫び声

名誉市民章贈呈式の日、ゼローム神父は語った。

「私は《荒れ野の叫び声》だった。（名誉市民章は）この声を聞き入れてくれた人たち、とくに困難にある子どもたちのために親身になって世話する人たち、これを支える人たち、施設を続けてきた人たちの功績だ」

《荒れ野の叫び声》とは、旧約イザヤ書（四〇・三）に基づく、新約聖書の四福音書（マタイ、マルコ、ルカ、ヨハネによる四つの福音書）に共通の記事からの表現である。

荒れ野で叫ぶ者の声がする。
「主の道を整え、
その道筋をまっすぐにせよ」51

洗礼者ヨハネが「悔い改めよ。天の国は近づいた」[52]と宣《の》べ伝え、救い（すなわち、福音）の先触れをなしたという故事にちなむ、救い主の先駆けとしての存在であること、その先駆性を意味する。ゼローム神父の言葉は、「親身になって世話する人たち」「これを支える人たち」「続けてきた人たち」という心やさしい市民の露払いをつとめたにすぎないという意である。

神父は述懐する。

「来島当時、島は貧しかった。出産後に死亡する母親も多く、乳飲み子を抱えた父親たちが途方に暮れていた」

ハンセン病未感染乳児のみならず、預けるあてのない乳幼児や知的障害児を憂慮したという。そして「わたしの兄弟であるこの最も小さい者の一人にしたのは、わたしにしてくれたことなのである」[53]との聖書の言葉を胸に、福祉事業に奔走した経緯を述べた。

「わたしの故郷《ふるさと》は名瀬。市民はわたしのかけがえのない家族」

このように常々語っていたゼローム神父は平成十五（二〇〇三）年、帰らぬ人となった。奄美文化センター（名瀬市＝当時）で営まれた葬儀ミサ・告別式には奄美内外から、信者にかぎらず、一般市民、福祉関係者など、多数が参列した。

その日、児童養護施設「白百合の寮」の中学三年生が弔辞した。

「わたしたちにとってゼローム神父はお父さんでした。奄美の人以上に奄美を愛してくれました。

幼児からお年寄りまでやさしく接し、貧しい人や病気の人に生きる力を与えてくれました。奄美に社会福祉と平和をもたらしてくれた五十年間、ありがとうございました」

八　信仰文化財――マリア観音像とケネディ大統領にゆかりの祭壇――

(1)　マリアでござる

奄美大島南岸と大島海峡をはさんで向かい合うのが、加計呂麻島である。太平洋戦争のとき、特攻艇「震洋」部隊の基地のあったことで知られる。同島南西部に位置するカトリック西阿室《にしあむろ》教会（大島郡瀬戸内町）に、陶製のマリア観音像がある。

その観音像は昭和十八（一九四三）年、日中戦争に従軍した人が大陸から持ち帰ったという。これを西阿室集落の禱《いのり》直清が譲り受け、家に祀った。キリスト教信仰ではない。あくまで在来の信仰心から、尊きものとして、敬ったのである。

ある日、禱の娘が「マリアでござる、マリアでござる」と観音像の連呼する夢を見た。娘の話を聞いた禱は、キリスト教にゆかりの像らしいと、名瀬のゼローム神父を訪問。宣教を依頼した。というのが、一般に知られる西阿室のマリア観音像の来歴。ところが、コンベンツアル・フランシスコ修道会本部の機関誌（英語版）によって米国に伝えられた物語は、趣きを異にする。興味深い記録であるため、引用する。

キリスト教で育った私たちにとっては、神の一体性は当り前のことです。島民にとっては、この神の一体性は理解しがたい概念であり、子どもの頃から「カミ」や「神さま」という言葉には、さまざまな意味が含まれているからです。「ノロガミ」の女神である白衣の女性は、「カミ」と呼ばれます。父と母にはそれぞれ特別な「カミ」がいます。亡くなった親族の名前が木に刻まれ、祭壇の一つに置かれている人も「カミ」と呼ばれます。〔中略〕「カミ」という言葉が必ずしも害になるわけではなく、その誤解がキリストを信じるきっかけになることもあります。西阿室村では「カミ」であるマリア観音像らしき仏像を介してキリストに至るという摂理がおこりました。この村には、家の中にさまざまな種類の神々の像を、たくさん置いている人がいました。〔中略〕

ある日、彼は自分の娘が他の女の子といっしょに砂遊びをしているのを見ました。二人は仏陀のような小さな像を持っていました。その仏像の一部が壊れていました。男はその像を見て、すぐに子どもたちからそれを取り上げて、女神の像で遊んだことを叱りました。男はその像を家に持ち帰り、自分が持っている他の多くの像の中に安置しました。

その夜、とても不思議なことがおこりました。娘は夢を見ました。夢の中で、あの女神像からの声を何度もくり返して聞いたのです。「マリアでござる、マリアでござる」という声でした。娘はこの「マリア」という名前を聞いたことがなかったので、とても不思議に思いました。朝になって、娘は父親にその夢のことを話しました。すると父は、かつてマリアさまは島の北方、名瀬という町にいる「カトリックの神さま」だと聞いたことを思い出しました。父親は、この夢はマリアさまの宗教を受け入れるべきだという啓示だと考えました。夢の話を聞いた近所の人たちは、山を歩いて越え、海を渡り、長いバスの旅をして、名瀬のミッション・センターに行くことにしました。その旅は三日がかりでした。彼らは、神父に彼らの島に来て、マリアさまのことを教えてほしいと懇願しました。[54]

いずれもが祖先崇拝、汎心論、シャーマニズム、はたまた汎神論、などの混淆する多神教精神世界に唯一神のあらわれるといった、民俗学的あるいは宗教学的関心事として、心そそられる。真偽のいずれかはともかく、昭和三十(一九五五)年、ゼローム神父は西阿室での宣教を開始。訪問して三日目に、西阿室で最初のミサが行われた。

ゼローム神父の回想。

西阿室は一九五五年のことですね。私たちは三人で出かけて行き、その日は、山のふもと近くの禱さん宅で一泊しました。私たちが着いたのは、四時か四時半くらいでした。人々が次から次と入ってきて、禱さんにアメリカの「カミサマ」を連れてきてくれたことに感謝しました。

〔中略〕

夕方には、最初に天の父についての話をしました。「天にまします」（主の祈り）と「めでたしの祈り」（天使祝詞＝**引用者註** 聖母マリアへのとりなしを願う祈り）を教えました。私は禱さんに、彼の神棚の神々を覆い隠すように言って、観音様の像（マリア観音のような像）を出してもらって、それを十字架といっしょに彼らの前に置きました。これらを前にして、「天にまします」と「めでたし」を唱えました。次の日はミサでした。床の間で、すべての亡くなったご先祖さまのための「黒いミサ」（死者のためのミサ）です。午後にはお茶会を開き、最後に「天にまします」と「めでたし」の祈りを唱えました。彼らは私たちを見送り、私たちは山道を歩き、峠を越えて、次の村の瀬相から古仁屋に、貸し切り小舟で帰りました。[55]

昭和三十二（一九五七）年には八十八人が洗礼を受け、同四十二（一九六七）年に聖堂が建った。マリア観音像は現在、聖堂の祭壇脇に安置されている。

(2) ケネディ大統領にゆかりの祭壇

故ジョン・F・ケネディ米大統領の葬儀を行った教会から贈られた祭壇が、奄美大島のカトリック名瀬聖心教会（奄美市名瀬幸町）にある。日々のミサなど、奄美のカトリック信者の祈りとともに、すでに半世紀超。全国でも類《たぐ》いまれなる祭壇として、同教会信徒の誇りとなっている。

経緯《いきさつ》

「レンガみどう」と親しまれ名瀬の名所でもあった大正十一（一九二二）年献堂の名瀬聖心教会は、昭和二十（一九四五）年、戦災で廃墟となった。迫害によって当時は役場に転用されていた。塔頂の十字架に代えて日章旗の掲揚されたことはすでに述べたとおりである。これがため、昭和二十年四月の名瀬空襲のとき、教会は爆撃の目標とされた。

カトリック鹿児島教区の大野和夫神父によると、――

戦後、来島した宣教師が、米軍爆撃機に搭乗していた兵士に「なぜ教会に爆弾を落としたのか」と尋ねた。兵士は「教会と思しきも、十字架でなく日章旗が揚がっていたため、敵の重要拠点と判断し、爆撃した」と答えたという。

空襲後の名瀬市街を米軍が空撮した写真がある。教会周辺にひときわ黒い穴が集まる。これが爆撃痕なら、たしかに、重点的かつ集中的に爆撃したようすがうかがえる。

名瀬聖心教会は昭和二十四（一九四九）年、再建された。崩れた「レンガみどう」のレンガを売るなどして、再建の資金を集めたという。

宣教師の書簡に、

何枚かの写真を同封します。その中の一枚は、戦前の教会「レンガみどう」の内陣の上部にある、廃墟となった丸天井の写真です。〔中略〕丸天井の廃墟の写真を撮ったうえで、廃墟のレンガを売り出すつもりですよ。[56]

あるいは、

ルーシン神父が、名瀬の教会の古いレンガを売ることについて手紙を書いてくれました。〔中略〕

古い教会が取り壊されるのにともない、この時期に委員会を結成して、建築資金に向けて何らかのかたちで資金を集めるための活動を行う良い時期かもしれません。[57]

——などとのやりとりがある。

名瀬出身でショファイユの幼きイエズス修道会の修道女《シスター》である永田晃代は記憶する。

「子どものころ、レンガを拾い集め、レンガに付着したセメントを落とす作業をしました」

大野神父は語る。

「当時、家々でかまどを築くのにちょうどよいというので、レンガはよく売れた」
再建されたのは木造の清楚な教会であった。
ところが昭和三十（一九五五）年十二月三日、名瀬は大火に見舞われる。

一日北にひらいた築港に近く失火を生じた。折からの北風にあおられ、ヒラキ葺きの多い小屋のような家々は見る見るうちに炎上した。紅蓮の舌はいつ終熄するとも見えず、人々は家財を背負って逃げまどった。〔中略〕街路は狭く入り組み消防車ははいらない。手押しポンプでは物の役に立たず、しかも水道栓は不備、川の水は枯れていた。めらめらと町が焼き尽されてしまうのを市民は異様な恐怖と絶望でただ待った。〔中略〕

夜が白々明け、陽があたり風がおさまると、辛うじて全市の四半分もの区画が燃え尽きて、焼野原にうらうらと余燼のかげろいが立ち、水の無い川底の焼けたどぶのような賽河原さながらの川筋がうねうねとその全貌を露わにしていた。[58]

名瀬聖心教会も焼失の憂き目を見た。

今朝、エウセビウス神父から手紙で、名瀬の大火事の写真を受け取りました。写真を見ると、いかに教会が完全に失われたかが分かります。[59]

一九五五年十二月三日にわれわれのミッション本部がある名瀬市で大火が起こり、修道会のすべての建物が全焼した。教会と修道院の再建が必要である。[60]

あらためて教会再建のなったのは昭和四十（一九六五）年十二月十九日。これが現在に至る。教会再建がまだ計画段階であった昭和三十七（一九六二）年、奄美宣教に従事するコンベンツアル・フランシスコ修道会のルカ・ダイヤック神父が休暇のため、また教会再建のための寄付・支援などの要請もかねて、母国アメリカへ帰国した。ワシントン大司教区のカテドラル（司教座聖堂）聖マテオ教会を訪問。再建計画中である教会の祭壇について相談した。

聖マテオ教会主任司祭は祭壇の寄贈を快諾。昭和三十九（一九六四）年二月二日、祭壇は米軍艦ココダ号によって名瀬港に到着した。祭壇は軍艦のウィンチで、材木を商う信者の二トン車《トラック》に積まれ、コンベンツアル会修道院本部（現カトリック鹿児島教区奄美地区長館）の倉庫まで運ばれた。

このとき祭壇を積載した車を運転した名瀬聖心教会信徒の平人司《たいらひとし》は語る。

「重たかった。運転するのもいっぱいいっぱいだった」

後日、業者が倉庫から建設中の教会へと運び、設置したという。

なお、聖マテオ教会は故ケネディ大統領の葬儀ミサを執り行ったこと（一九六三年十一月二十五日）で知られる。

祭壇

祭壇は縦一メートル、横二・四メートル、高さ一メートル。イタリア産大理石からなる。正面には「十字架の道行き」図のレリーフが刻まれている。一階に常設のバンコ（長椅子）だけで三百余人は収容可能な聖堂にふさわしい、堂々たる豪華さである。

左端に嘆きかなしむ聖母マリアと付き添うマグダラのマリア。中央に十字架をにない倒れるイエス。その左にイエスを扶助するキレネ人シモン。右にはイエスの顔の血と汗をぬぐうヴェロニカ。この三人をローマ兵などが取り囲む。「道行き」の複数の配列主題を一つの画面で表現している。

奄美の誇り

その霊性と芸術性を兼ね備えた、堂々たる豪華な祭壇は、米国の教会が当時、奄美で宣教にはげむ司祭たち、信仰に生きる信徒たちをいかに支えようとしたかをいまに伝える。また故ケネディ大統領は敬虔なカトリック信者であった。その葬儀を行った教会から寄贈され、米軍艦さえ動かして搬送された。そのようにして奄美に据えられた意味深さははかり知れない。

長く奄美市議をつとめ、名瀬聖心教会の信徒総代でもあった平敬司は語る。

「祭壇の来歴は奄美のカトリックの誇りとして、感謝の念をもって信者のあいだで語り継がれてきた」

さらに、

「信仰の有無にかかわらず、米日両国民の友好をあらわすものとして意味がある」

名瀬聖心教会祭壇

平成二十五（二〇一三）年十一月十五日、故ケネディ大統領の長女、キャロライン・ケネディ氏が駐日米大使に着任。この報道を受け、願った。

「ぜひケネディ新大使には、奄美に足を運んでいただきたい」

じっさい、平をはじめとする信者のみならず、地元の行政や商工会など、多くの島民が積極的に大使の来島を願った。協力者のはたらきかけもあり、来島実現の機もうかがわれた。

ところが教会内で、本土から赴任の神父がこれを掣肘《せいちゅう》した。

「利用されたくない」と拒んだ。

かつて中村町八神父が「笠利村教育史料集」を編んだのも行政からの依頼を受けてのこと。「利用された」との表現を用いるなら、たしかに「利用された」のだろう。大島高等女学校にせよ、あるいは診療所をはじめ戦後の宣教師たちの福祉を中心とした活動にせよ、本来なら行政が負ってしかるべき事業。はたして教会は「利用された」のか。

　にもかかわらず、かつて奄美宣教に献身した神父をはじめ宣教者たちの多くが、島のために、人びとのためにと、地元に協力を惜しまなかったのはこれまで見てきたとおりである。中村神父やベルタン神父、パトリック神父やゼローム神父など、「利用された」かれらの真摯な協力姿勢が教会への共感を呼び尊敬を集めたのは疑いようのないところである。かなしいかな。これが昔日と今日とのちがいである。

　結局、ケネディ大使の奄美来島は、そのほか諸事情もあって、スケジュール調整が頓挫したと聞く。実現していたら、信仰の如何にかかわらず、全島が喜びにわいたにちがいないと、惜しまれるのである。

第四章　吉満義彦

一　奄美が生んだ最高の知性

吉満義彦は、奄美群島の一つ、奄美大島から南西約九〇キロメートルに位置する徳之島に生まれた。「奄美が生んだ最高の知性」と謳われる。昭和初期から終戦にかけて、日本の思想界に特異な地歩を占めた、孤高の哲学者として知られる。

敬虔なカトリック信仰に依拠し、西洋中世精神の普遍的意義を強調、神を見失った近現代人の悲惨を指摘した。神秘主義的な傾向をもちながらも、同時に愛による超越的内在《神はわれわれと共にいる》の世界観にあって、同時代的な日本の問題についても発言。戦時中、近代なるもの（明治以降に多大な影響を及ぼした西洋文化）の総括と超克を標榜した座談会「近代の超克」にも、哲学者・西谷啓治、科学史家・下村寅太郎、批評家・小林秀雄らとともに参加した。

十五年に満たない公生涯に、中世精神を、近代思想を、科学や文学をテーマに論稿を発表した。晦渋な文体に深い精神性と真摯な思索を示し、同時代人のみならず、後進の哲学者や文学者に少なからぬ影響を与えた。

小説家・遠藤周作は学生時代を吉満のもとで過ごし、その文学的課題を吉満をとおして獲得した。「日本人と基督教ということを私に考えさせる切っ掛けをくださった」[1]と吉満を回想して遠藤は書いている。哲学者・森有正は「吉満義彦が戦後十年、せめて五年生きていたなら、日本の思想界は異なっていたにちがいない」とその夭逝を惜しんだという。

「奄美が生んだ最高の知性」「孤高の哲学者」とたたえられるも、はたしてその人物像は地元でも知られることの少ない吉満義彦。その生涯と思想――いわば、霊と肉の軌跡――を、あらかじめ断っておく、「奄美」という視座から追う。

二　生涯

(1) 肉親の死

吉満義彦は明治三十七（一九〇四）年、徳之島の亀津村（現大島郡徳之島町亀津）に生まれた。父、義志信は天城村（現天城町）や亀津村などの戸長を歴任、県議もつとめた官吏。いっぽう、徳之島の地誌『徳之島事情』を、島人の習俗を描いた彩色插画を添えて著した文化人でもあった。

吉満は少年時、肉親をことごとく失う。大正二（一九一三）年、弟と妹を。翌る同三（一九一四）年には母を。伊仙尋常小学校を卒業し鹿児島県立第一中学校（現県立鶴丸高等学校）に入学した大正六（一九一七）年、もう一人の妹を。翌る同七（一九一八）年には父を亡くした。

十代前半の多感な時期に、こうした運命に見舞われた吉満が、思春期の憂鬱などとは片づけられない、常人には思いもおよばぬ懊悩《おうのう》を抱えていたとしても不思議はない。じっさい、

何人にも奪われ得ぬものを
不動に確保せねばならぬ[2]

――との思いに憑かれてさえいた。
吉満は導かれるようにしてキリスト教に接近する。

(2) キリスト教

父を喪《うしな》った年のクリスマスであろう、吉満は鹿児島市内のとあるプロテスタント教会を訪れる。

クリスマスの印象は孤独な少年に暖かい春の日の曙《あけぼの》の如く
真理の光を予望せしめ、何か心をふくらましめた。[3]

以後、吉満は教会の聖書クラスに参加。プロテスタントの洗礼を受けるに至る。

大正十一（一九二二）年、吉満は旧制第一高等学校に入学、上京した。キリスト教青年会（YMCA）に所属する。内村鑑三に心酔。毎日曜、内村の主宰する聖書研究会に通った。しかし次第に「私の信仰」[4]「私のキリスト教」[5]が語られるプロテスタンティズムの「主観主義の放恣と人間臭い説教」[6]に倦むようになる。

大正十四（一九二五）年、吉満は東京帝国大学文学部倫理学科に入学した。同学部では、学科は異なれど、堀辰雄、三好達治、小林秀雄など、のちの文壇において大家となるかれらと同期。吉満のその後の歩みに、その文学臭の濃い傾向をうかがうなら、少なからぬ刺激のあったものと思われる。

ところがその年、文部省在外研究留学生（七高教授）として外遊中に官を辞して聖職に転じ、カトリックの司祭に叙階された岩下壮一が帰国する。内村のもとを離れた吉満は、岩下の薫陶のもと、カトリックに急接近。改宗に至る。

吉満は改宗の心境を、かつて英国国教会の聖職者からカトリックの司祭へと転じたJ・H・ニューマン（一八〇一―一八九〇年）の言をひき、述べている。

　ただ外の荒海から港のうちに辿りついた確かさと平安とを覚える。[7]

新しい地平に達した感慨ではない。しかるべきところに還《かえ》ったという安堵がうかがえる。カトリック教会とは、移ろう歴史にあってなお真理を維持する制度とされる。すなわち、担い手個人の人格という偶然を超えた、伝統と権威によって真理が担保される。「何人にも奪われ得ぬものを不動に確保せねばならぬ」と希求した吉満であってみれば、動かぬ世界観を有するカトリックへの改宗も必然であったろう。

(3) カトリックの哲学者として

仏留学

以後、吉満はカトリック信仰をよりどころとして学究に邁進する。

昭和三（一九二八）年、東京帝大を卒業した吉満は、岩下の推薦を受け、渡仏。やはりプロテスタント信仰からカトリックへと転じた新トマス主義哲学者、ジャック・マリタン（一八八三―一九六〇年）のもとで学んだ。当時、マリタンの自宅は、中世哲学史家のE《エティエンヌ》・ジルソン（一八八四―一九七八年）、カトリック系実存主義者のG《ガブリエル》・マルセル（一八八九―一九七三年）、人格主義を唱えたE《エマニュエル》・ムーニエ（一九〇五―一九五〇年）などが集う仏トマス・アクィナス研究の中心地であった。また哲学者のみならず、作家F《フランソワ》・モーリヤック（一八八五―一九七〇年）、画家M《マルク》・シャガール（一八八七―一九八五年）、音楽家ストラヴィンスキー（一八八二―一九七一年）なども集い、仏文化人サロンの観さえ呈した。吉満を迎えた環境の濃密さ、もとめられた知的洗練は特筆にあたいする。

帰国後

吉満は昭和五（一九三〇）年に帰国。同六（一九三一）年、上智大学教授となる。同八（一九三三）年、二月に結婚するも五月に妻と死別。以後、信濃町に所在の、東京に進学した地方出身のカトリック子弟が集まる聖フィリポ寮（現真生会館）に起居した。のちに兵庫から慶應大に進学した遠藤周作は、ここに入寮し吉満を知った。遠藤に文学の道を勧め、作家・堀辰雄に紹介したのも吉満である。

吉満義彦（昭和17年頃。東京・信濃町、聖フィリポ寮の庭にて。『吉満義彦全集』第4巻より）

昭和十（一九三五）年、東京帝大文学部倫理学科講師を兼任。同十七（一九四二）年には、文芸誌『文学界』主宰の「近代の超克」座談会に参加した。「知的協力会議」と銘打ったそれは、対米英開戦の時局にあって西洋文化（＝近代なるもの）の総括と超克を標榜したもの。出席者は吉満のほか、哲学者・西谷啓治、科学史家・下村寅太郎、音楽評論家・諸井三郎、小林秀雄や亀井勝一郎など、十三人。おもに京都学派の学者や『文学界』同人の文学者を中心とした。そこでは、事前にもとめられ提出した論文にせよ、座談会での発言にせよ、日本の思想界における吉満の特異さのみがきわだっている。

昭和十八（一九四三）年、吉満は病床につく。同二十（一九四五）年、終戦間もない十月、肺結核により桜町病院（東京都小金井市）で逝去（享年四十一）。

三　思想と信仰――もはや思索にあらず――

(1) 入信と改宗

ホルテンシウス体験

吉満義彦の生涯におけるもっとも重要なできごとは、キリスト教への入信とカトリックへの改宗だったろう。入信の動機を肉親の相次ぐ死に見るのは誤りでない。しかし、キリスト教をみずから選択するに至った理由としては弱い。

吉満は告白している。

私は暁に恐ろしい夢を見た。巨漢に追跡されて脳髄を奪い去られる夢である。頭脳以外に頼るものはない、之を失わば自分の生涯は破滅であると考えた自分がどんなに必死に逃げ去った事か！[8]

この大正七（一九一八）年の夏に吉満を襲った夢は、

も早や人生の希望を頭脳におくことは出来ぬと知り、
頭脳の他に何人にも奪われ得ぬものを
不動に確保せねばならぬ[9]

――との思いを吉満のこころ深くに刻むこととなった。

そのころから、

人生は方向転換し始めた。[10]

これを吉満は「わがホルテンシウス体験」と呼ぶ。

「ホルテンシウス」とは、アウグスティヌスを真理の探究（キリスト教信仰）へと促す最初の契機となったキケロの著した書物。「この書物こそ、じっさいにわたしの情念を一変し、わたしの祈りをあなた（**引用者註**　イエス・キリスト）自身に向け、わたしの願いと望みとをまったく新しいものとしてしまった」とアウグスティヌスは著書『告白』に記している。[11]

吉満は夢のあと、

　　永遠の真理を自ら探究すること[12]

――を学問の目的とさだめた。吉満にとって夢のできごとは、まさにアウグスティヌスにとっての「ホルテンシウス」にほかならなかった。

奄美の風土

この夢にまつわる吉満の感性、あるいは霊性について、若松英輔は評論「吉満義彦[13]」において、吉満が育った奄美群島の風土の影響を示唆する。『徳之島の民俗』などを著した松山光秀の唱えた「コーラル文化圏」なる概念を援用。島は此岸《しがん》、海は彼岸、サンゴ礁はその中間地帯。潮がひけば、サンゴ礁をとおして此岸と彼岸はつながる。こうした此岸と彼岸とが身近な関係をむすぶ世界に幼少期を過ごしたことは閑却できないとする。

徳之島町で吉満顕彰に尽力する同町教育委員会の寶田《ほうだ》辰巳教育委員（平成二十五年十一月当時）は、「トゥル墓」（風葬跡）に囲まれ「マブイ」（霊魂）が飛び交う徳之島の汎霊的世界こそが吉満の感性、あるいは霊性を育んだと見る。とくに吉満の夢見た脳髄を奪い去る巨漢は、子どもの「マブイ」を連れ去る死者の「マブイ」のヴィジョンに相似であると説く。

若松と寶田の、コーラル文化圏に位置する奄美の風土、その汎霊的世界を吉満の感性または霊性の揺籃《ようらん》とする説は、一定の説得力はもつ。

吉満みずからも語りはする。


南海の孤島に生れ、果てしない水平線の彼方を、憧憬と不安の心で打ちまもりつつ、少年時代を「海に向って」濤と語り、風と嘯いて育った私は、いつまでも海への憧憬れが、海への追憶が心底から去らずにいる。[14]

しかしそれは、

海の郷愁におそわれるままにひとり秘かに海辺の夕陽に讃歌をささぐべく、湘南の線を心楽しく電車に揺られていることがある。少しく健康を害した頃、それでも仕事をせねばならぬために沼津の海岸に行って二夏を過して以来、私にはあの沼津の千本松原を見渡す狩野河畔が、矢張り忘れがたい郷愁のところとなって了った。[15]

——という行楽気分に紛らわし得る、月並みな海への郷愁にとどまる。かくして、次のような段に至るも自然である。

この狩野河畔から、朝に夕べに富士の美しい崇高な姿が眺められるということが、何と言っても特有の心ひく力となっているようである。富士は実際いつ見てもよい。[16]

富士の美しさは、だれもが言うのである。このあと、富士山頂に登っての体験をふり返り、ダンテ「神曲」の天使的上昇感「浄化《カタルシス》」と結んで、吉満らしい形而上学的感懐が縷述されるのは、月並みでない、吉満らしい感性であるが、それは「コーラル文化圏」ゆえの、あるいは「トゥル墓」に囲まれ「マブイ」の飛び交う汎霊的世界に育まれた霊性ゆえのそれと見るには飛躍がある。

私は更に少しく眼を朝陽の讃美から、眼下の世界と背後の環境に転じた時に、これは又《また》何たる驚異であったことか。眼前に壁なす碧玻璃の巌の如く聳え、ここ山頂と相対して、厳かに呼びかけ、朝の挨拶交わすものは、何と日本アルプスの山々ではなかったか。地上的距離を超越して、最高の嶺々は永劫の時を常に相対面して語りつつあったのだ。既に地上の万象は遙か海の底の如くに淀み霞んで見えない。〔中略〕絶対と絶対とがすべて「同時性」の範疇において時空を超越してここに今相呼応するのである。[17]

此岸は絶たれた。「地上の万象は遙か海の底の如くに淀み霞んで見えない」。むしろここにうかがえるのは、地上とは隔絶した彼岸の、天上界のヴィジョン、「超越」と「絶対」への憧憬《アドレイション》である。此岸の延長としての彼岸という世界観ではない。浜で沖にネリヤカナヤを仰ぎ見て、魂の往来と交感をはたすような此岸と彼岸とのヴィジョンはない。となれば、「コーラル文化圏」由来の霊性なる仮説は、はたしてキリスト教入信を促した夢を占うか。

一抹の懐疑はぬぐえない。

永遠の真理をもとめて

カトリックへの改宗が鍵と思われる。

吉満は「暖かい春の曙のごとく真理の光を予望せしめ、何か心をふくらましめた」プロテスタンティズムから離れた。「同信の友等と信仰に燃えて祈り且つ歌った[18]」プロテスタント教会から離れた。「毎日曜感激に充たされて居た[19]」内村鑑三から離れた。プロテスタンティズムを「余りに人間臭い宗教[20]」と看破。その「人間的饒舌[21]」を嫌厭《けんえん》した。そのような吉満を「信仰す可《べ》き事が規定され、しかも道理を以て神の存在から始めて行く[22]」カトリックが、「堂々と動かない姿と確かさとを以て迫った[23]」という。

吉満が「ホルテンシウス体験」と呼んだ夢をとおして「何人にも奪われ得ぬものを不動に確保せねばならぬ」と希求するに至ったことを、ここで思い出すのは重要である。「永遠の真理」を探究することをみずからに誓ったことを。

その末にキリスト教に入信した！

ならば「イエス・キリスト」に真理を見たということ。すなわち「ナザレの《イエス》という歴史的個人こそが《救い主《キリスト》》である」との定式表現に達したということである。

これはすでに信仰宣言である。

揺るぎないものへの潜在的あこがれ

「吉満」という姓は徳之島にない。父、吉満義志信が天城村や亀津村の戸長を歴任し県議もつとめた官吏であったことから、薩摩（鹿児島本土）から派遣された系譜と目される。憶測にすぎない。仔細は知れない。ただ徳之島に生まれ育ったものの、吉満義彦に「地《ち》の者」すなわち島人《シマッチュ》との意識は高くなかったろう、というのが地元でもっぱらの見解である。なぜなら、功なり名をとげた吉満の、地元への還元のなかったからである。言及することもなかったと言うにひとしいからである。

吉満の、この「本土でも島でもない」すなわち出自の判然としないという負の観念、自己同一性《アイデンティティー》のたよりなさは、幼少期の相次ぐ肉親の死もあわせて、注目にあたいする。なぜなら、こうした複雑な負の観念は、奄美そのものに顕著な観念でもあるから。

奄美の人びとは長らく、（中央であれ薩摩であれ）本土（ヤマト）の支配、もしくは沖縄（琉球）のそれにあった。絶えずこれにともなう専制と抑圧と差別とをこうむった。ヤマトでもなければ琉球でもない。島人。それは被支配の、たのむにたよりない、複雑な負の観念。ここに「それでも、われわれだって日本人だ」との渇望《アドレイション》が生じた。たのむに足る、確たる自己存在認識の、揺るぎないものへの潜在的あこがれ（＝アドレイション）である。

これを巧みに利用したのが、奄美におけるカトリック排撃であった。軍部は「非国民」と脅して島の信者に棄教をせまった。非信者は「非国民」でないことを証すため、迫害に加担した。信者は「カトリックであっても日本人だ」と不条理に悶《もだ》えた。非信者は「島人であっても日本人だ」と焦躁した。いずれもが「それでも、われわれだって日本人だ」との「揺るぎないものへの潜在的あこがれ」たる複雑な負の観念に駆られていた。

この負の観念の爆発こそ、のちに、戦後の米軍統治下において沖縄をしのいで激越化した「奄美群島日本復帰運動」（昭和二十六—二十八年）である。独立の目指されることはない、というのもどこかさみしく、勘案すべきこと。奄美には、いまもどこかこうしたかなしみが絶えずつきまとう。

たとえば琉球民謡の底抜けな明るさに比して、奄美のシマウタ[24]にはどこか寄る辺のないせつなさがたゆとうように。

カトリックであるということ、
あるいは「あこがれのヴィジョン」

したがって――

天地の創造主、全能の父である神を信じます。
父のひとり子、わたしたちの主、イエス・キリストを信じます。

キリスト教信仰は、この「使徒信条」と呼ばれる信仰宣言にはじまる。これに尽きると言ってよい。吉満はここに動かぬもの、真理を見た。また、その真理を揺るがぬ教理（ドグマ）によって担保するカトリックが吉満に、

心強く神の愛を感ぜしめ平和を与えた。[25]

このように、入信から改宗までにうかがわれるのは、若松や賓田の言う吉満に潜在すると仮定されたコーラル文化圏に位置する奄美の風土、汎霊的世界に培われた感性、あるいは霊性なるものでは済まされないなにものかである。より深刻な心情からの渇望《アドレイション》。肉親を喪い、本土（ヤマト）とも島人とも自任しえない、出自の判然としない「わたしはなにものか」という複雑な負の観念である。

これを克服したのが、吉満の告白する「予望」した「真理の光」を支えるもの、「永遠の真理」の探究のたのみとなるものである。すなわち入信と改宗による「キリスト者であること」それにもまして「カトリックであるということ」が、吉満のよりどころとなったということ。これこそたのむに足る、確たる自己存在認識に至ったということである。なぜなら、吉満みずからが改宗に言及して、

私にとって信仰は最初から真理の理性的承認乃至捕捉と別なものではなかった。[26]

――と断っている。

さらに、そこに一貫するのは、「予望」した光への渇望《アドレイション》である。真理への憧憬《アドレイション》である。でなければ、凄惨な夢魔に襲われてなお、ニヒリズムに陥ることなく、煩悶にあって信仰に至る吉満のすがたを説明できない。

吉満を語るとき、ある思想に至ったのではない、信仰を得たのであるということを忘れてはならない。吉満の「ホルテンシウス体験」とは、夢魔のおそれと表裏一体の、すなわち「あこがれのヴィジョン」であった。

(2) 哲学

中世の精神と近代の問題

吉満義彦がその晦渋な文体をもってみずからの思索を、文字どおり彫心鏤骨《ちょうしんるこつ》の論稿となした期間は、帰国した昭和五（一九三〇）年から実質十五年に満たない。

吉満の取り組んだのはおもに、中世精神の現代的意味づけ、および近代の問題である。「われ思う、ゆえにわれ在《あ》り」の発見が人間神化をうながす契機となったとしてデカルトを批判。そしてデカルト以後の西洋思想の論理的帰結である唯物論を、その否定であるにもかかわらずその補完にとどまる（と吉満には思われた）カール・バルト（一八八六―一九六八年。スイスのプロテスタント神学者。「二十世紀最高の神学者」と称えられる）に代表される危機神学を批判した。

また、こうした論題をとおして、ルネサンスにおける古典古代観の虚偽、ルター神学の悲観主義《ペシミズム》、カント的自律主義の抽象性を指摘。さらに、神をもとめながら神認識に至らなかったリルケやドストエフスキーの悲劇、近代世界の困難にあって神を見失わなかったパスカルへの共感を語った。

このような吉満の思索は当時、日本の哲学界においてきわめて特異であったと言ってよい。吉満自身、それをじゅうぶん意識してもいた。吉満の自己理解は透徹している。

今のところこの国では他に同志も見つからない一つの哲学的立場[27]

中世への憧憬

戦後、吉満は忘れられる。戦後民主主義の潮流のなかで。第二バチカン公会議以降、「アッジョルナメント」（今日化）、「エキュメニズム」（教会一致促進運動）、「インカルチュレーション」（文化内化）に舵をきったカトリックのなかで。いずれにおいても、もはや吉満は時代の要請に応えないとみなされた。

じっさい吉満の教会観は、

地上の教会は歴史の教会なる限り「戦闘の教会」（Ecclesia militans）として存し続ける[28]

――という言葉に表されるように、時代に対し、社会に対し、また諸教派に対し好戦的である。

カトリックへの心酔のあまり、覇権主義的である。「戦闘の教会」はまた吉満が好んで使用した語句《ことば》でもある。[29]

吉満の薫陶にあった遠藤周作さえも疑いをかくさない。

「中世の充足を失った時代」とか「神を見失った現代」とか言う言葉が日本の我々と一体どこまで関係があるのだろうか、〔中略〕私たち日本には先生の師であったジャック・マリタンの言うような中世もなかったし、したがって人間中心主義のルネッサンスもなかった。我々の現代と西欧の現代とはその意味で形がちがうのではないだろうか[30]

だが、吉満の語った言葉を正確にたどるとき、戦後の吉満理解は多分に誤解に基づいていると気づかされる。吉満の思想は戦後民主主義の流れとも、アッジョルナメントとも、エキュメニズムとも、インカルチュレーションとも次元を異にする。誤解をおそれず言うなら、吉満はそもそも思想など語ってはいない。

アウグスティヌスやトマスのごとき中世の偉大な神学的形而上学者の世界と比べていかに近代の精神世界が調子の低い狭いものであるか[31]

この詠嘆に吉満の立つ次元は明らかである。あるいは次の見解に。

真に深い文化は、政治において、学問において、芸術において、宗教的霊性の高揚と共にあった[32]

これらにうかがえるのは、ひとえに「個々人の文化的天才の営みにおいて、真の宗教性の深さと文化的価値の偉大性とは深い関連をもっていた[33]」中世への憧憬である。吉満の思想の精髄が、師であるマリタンによって「霊性の優位」と表現された言葉にあることはよく指摘されるとおりである。「霊性の優位を社会と文化のうちに樹立せよ」と呼びかける。[34]吉満が抱く中世への、すなわち霊性優位であった秩序と世界への尽きぬ憧憬をよく言い表す。近代の否定としての、新しき世紀を指して「新しき中世」とし、「新しき秩序」としてもとめられねばならないとするまでに。[35]

そして吉満が、

神あっての世界であり、神あっての人間である[36]

――と語るとき、そこにあるのはもはや思想ではない。信仰である。

戦時下に「知的協力会議」と銘打ってなされたがゆえに、戦後の批判にさらされることになる「近代の超克」座談会でもかわらない。座談会は終始かみ合っていないし、吉満は浮いた存在として孤独にある。ここでもまた信仰をしか語っていないからである。

それは事前に提出した吉満の論文が如実に示す。

近代ほど時間的（現在人間的）なるものが霊的なるものに対して擁護された時代とてはなかった。かほどまでに霊的なるものが時間的なるものに対して擁護されなかった時代とてはなかった。[37]

——とシャルル・ペギーの言をひくとき、吉満が見るのは中世の「霊性の優位」であり、そこにあるものは信仰である。

そうでなければ、近代の超克の第一条件を「魂の改悔」とはしまい。[38] 吉満は、マタイ福音書においてイエスがはじめて人びとに教えを語り伝えたとされる「山上の垂訓」を引用、「心の清き者は神を見る」と論文を終えるのである。[39]

このように吉満の思索は中世への憧憬のなか、いわば祈りとして語られる。「イエスは世の終わるまで苦しみ悶える。このあいだ、われわれは眠ってはならない」[40]と生きたパスカルを髣髴《ほうふつ》とさせる。

これは比喩ではない。吉満は夢魔に襲われたが、パスカルが自己の脚下に巨大な深淵の裂けて開くのを見たのは知られるとおりである。[41]パスカルは書いている。「あえぎつつ求める人びとしか、わたしは是認することができない」[42]。これは神を前にした人のことだ。信仰をもつ人のことだ。吉満のすがたはここにある。吉満の意識は終始一貫、ここを離れることはない。

(3)もはや思索にあらず

吉満の難解

吉満の難解を言う人は多い。

小林秀雄は「近代の超克」座談会で、吉満も含め日本の哲学界の言説について「非常にむづかしい。極端にいふと、日本人の言葉としての肉感を持つて居ない」[43]と苦言を呈した。最高裁判所長官をつとめた法学者、同信の徒でもある田中耕太郎は吉満を「衒学趣味《ペダンチック》」と評したという。いずれもがもっともな指摘であることは、吉満を読む者は諾《うべな》うだろう。

徳之島町では平成二十（二〇〇八）年、町制施行五十周年記念として、吉満義彦の胸像を、父・義志信の胸像とともに建立した。しかし郷土である徳之島でも吉満は長らく忘れられた存在だった。顕彰は高校教諭（当時）の中山朋之による「詩人哲学者・吉満義彦への断章」の、地元誌『潮風』での連載を嚆矢《こうし》とする。しかし平成三（一九九一）年八月にはじまったその連載は、同六（一九九四）年一月をもって中断。その後、書かれることはなかった。

「吉満の、聖母崇敬に基づくと思われる女性観が理解できなかった」

中山は中断の理由を語る。

「また、吉満の神秘主義は手に余った」。なにより、吉満を理解するには「カトリック信者でなければ」と痛感し、「投げ出した」という。

『潮風』を主宰する水野修は語る。

「島では吉満の幼少期のことも、哲学者としてのはなばなしい活躍も伝わっていない。もっと知られるべき人物だ」。このように評価しながらも、吉満について、「島で生まれはしたが、島には無縁の人」との印象を抱く。吉満には「徳之島への思いがうかがえない。信仰した宗教も、島人《シマッチュ》にはなじまない」と手厳しい。

徳之島教育委員会の寳田辰巳教育委員も、出身地である徳之島での吉満顕彰がはかばかしくない理由に、その難解さを挙げる。「カトリックでないと、吉満理解は困難ではないか」と考える。みずからも「そもそもキリスト教の外にいる者」と断る。

それでも寶田は、吉満の著書をはじめて手にしたときのことを忘れない。

「こんなすごい人物がいたのか」

いまも読むたび、理解には至らなくとも、吉満の思索の深さに感嘆を禁じ得ないという。

ただ祈りのみ

「吉満の信仰は理解できない。思想なら理解できる」

このように語る人も、ままいる。

しかし、そのような安全な分別、簡便な整理に意味はない。吉満の思索の営為が、思想を語ったのではなく、むしろ信仰をこそ語ったことは先に見た。吉満の難解をその信仰に帰するのはたやすい。だからといってなにが解決されるというのか。

吉満が普《ひろ》く「文化と宗教」すなわち聖と俗とを論じて、「普遍的なるという意味において[44]」とカトリック性を強調し、

真理は一つ、救いは一つ、愛は一つ、したがって人類の霊魂救済は一つかぎり、救われたる霊魂の霊的共同体は一つかぎり[45]

――と語るとき、もはや哲学の道行きを外れ、特定の信条、むしろ教理、すなわち宗教を、みずからの信仰をしか語っていないことを読者は知る。吉満にとって哲学、すなわち「知を愛する《フィロソフィア》」とは、カトリックこそが真理であると証す営為にほかならない。きわめて護教的な知の営み。いわば「哲学は神学の婢《はしため》」を地で行っていたのである。

吉満の言説はたしかに晦渋であるが、ラテン語聖歌のように素朴だ。分かろうとするから読み誤る。ポリフォニー（多声音楽）でも聴くように味わうものだ。その難解にこそ、吉満の良心がある。謙遜がある。人生への誠意がある。これにふれずして吉満理解もないだろう。

> われわれが歴史においてなんらか思想し得るならば、それは歴史において祈り得るということにほかならない。[46]

あるいは、吉満は死の前年（昭和十九年七月）、ドイツ語で、

> わがなすはもはや思索にあらず、
> ただ祈りのみ

――と綴っていたという。

思想をではない、信仰をしか語ってこなかった人のこころがここにある。

これを読むとき、吉満がパスカルを評して、

近代的知性の自意識を通じてキリストへの信仰を、まさにキリストの贖罪苦の神秘にまでの参与において告白する姿、そこにパスカルの痛ましきばかり英雄的な聖性の姿がある[47]

――としたのを思い出さずにはいられない。これは吉満自身のすがたでもあるから。

吉満を読む者にもとめられるのは、いみじくもパスカルが遺した次のことばであろう。

人は真理を愛さないかぎり、真理を知ることはできない。[48]

第五章　島尾敏雄

一　生い立ち

戦中から戦後にかけて、奄美大島とゆかりの深い人物に作家・島尾敏雄がいる。

島尾は大正六（一九一七）年生まれ。昭和十五（一九四〇）年、九州帝国大学法文学部経済科に入学した。同十六（一九四一）年、文科に移り、東洋史を専攻。同十八（一九四三）年、戦時にあって繰り上げ卒業となり、海軍予備学生を志願する。旅順海軍予備学生教育部に入隊した。

昭和十九（一九四四）年、島尾は第十八震洋隊指揮官として、奄美群島加計呂麻島呑之浦《のみのうら》に駐屯。「震洋」とは、長さ五メートル、幅約一メートルの一人乗り木製ボートであり、その舳先に炸薬二三〇キロを充塡、敵艦にこれを衝突させ爆沈させるための特攻艇、いわば「自殺艇《スイサイド・ボート》」（じっさい米軍はこのように呼称していた）である。このとき、のちに妻となる長田《おさだ》ミホを見初める。ミホは幼児洗礼のカトリック信者であった。

昭和二十（一九四五）年、島尾は出撃することなく、終戦を迎え、復員する。このあたりの経緯は、島尾の小説「出孤島記」（昭和二十四年）、「出発は遂に訪れず」（同三十七年）、「その夏の今は」（同四十一年）などに詳しい。同二十一（一九四六）年、作家生活に入るとともに、ミホと結婚した。同二十七（一九五二）年、作家活動の便宜を図り、上京。島尾の女性関係を原因として、ミホ

昭和 47 年 6 月 12 日奄美高校文芸部のインタビューに答える島尾敏雄（県立図書館奄美分館・分館長室にて。かごしま近代文学館蔵）

が精神を患う。

昭和三十（一九五五）年、ミホの療養のため、島尾は家族で奄美大島に転居した。ミホの発病から奄美での療養の経緯は、小説『死の棘』に詳述される。以後、作家業のかたわら、鹿児島県立図書館奄美分館（現県立奄美図書館）の館長ならびに県立大島実業高等学校（現県立奄美高等学校）夜間部の教諭を務めた。日中は図書館長、夕刻《ゆうどき》から夜は教員、深夜は作家という三足の草鞋を履いた。

島尾は、地域の社会教育に貢献した。図書館長として通常の図書館業務の充実にかぎらず、郷土資料の収集・刊行に熱心だった。また奄美史談会（現奄美郷土研究会）の発足にも尽力。郷土研究の枠をこえて、南洋島嶼《とうしょ》研究に先鞭をつけたと言ってよい。

二　死の棘

島尾敏雄といえば、ミホの闘病生活を描いた小説『死の棘』がよく知られる。平成二（一九九〇）年には映画化もされ（小栗康平監督、松坂慶子、岸部一徳など出演）、第四十三回カンヌ国際映画祭で審査員グランプリを受賞した。

そのタイトルは、新約聖書「コリントの信徒への手紙一」にちなむとされる。

死は勝利にのみ込まれた。
死よ、お前の勝利はどこにあるのか。
死よ、お前の棘はどこにあるのか。
死の棘は罪、罪の力は律法。[1]

しかし「コリント信徒への手紙二」のほうが、島尾の実感により近いと思われる。

自分自身については、弱さ以外に誇るつもりもない。たとえわたしが誇る気になったところ

> で、それは真実を語るのだ、愚か者にはなるまい。しかし、誇るまい。〔中略〕わたしの身に、棘がひとつ与えられた。それは、わたしが思い上がらぬよう、わたしを痛めつけるため、悪魔《サタン》から遣わされたのだ。[2]

ステファノの殉教について責任と悔恨とを生涯負ったパウロの心情は、みずからの不貞によって患ったミホへの後ろめたさと相似であろう。[3]

奄美転居の翌る昭和三十一（一九五六）年、島尾は名瀬聖心教会で受洗。自筆年譜に「十二月、カトリックの洗礼を受けた」とある。

島尾敏雄の小説作品は、(1)戦争体験もの（『出発は遂に訪れず』など）、(2)私小説の形式にならったもの（『死の棘』に収録の作品群）、(3)超現実主義と呼んだもの（『夢の中での日常』など）――に類別される。ところで、いずれも読者にことさらキリスト教を想わせることはない。したがって遠藤周作、小川国夫、加賀乙彦などのように、カトリック作家として意識されることもまれである。

しかし現代、島尾敏雄の名は、カトリック教会においてこそ意識されねばならないと思われる。

三　ヤポネシア

島尾敏雄は「ヤポネシア」という造語をもって日本の地理、歴史、文化などをあらためて照射するあたらしい視座を提唱した。

太平洋の地図を見る時、たいていわたしたちは、アジア大陸がまん中になった地図を見るわけですが、それをずらして、太平洋をまん中にしてみますと、〔中略〕ポリネシアなどはもちろんですが、もう一つ似たような島の群があり、それに「日本」という名前がついているのです。わたしはいっそのことそれにヤポネシアという名前をつけてみたらどうだろうかというのが、そもそもこの発想のはじまりなのです。[4]

つづけて島尾は、「日本という名前がついているのに、どうしてヤポネシアで呼びたいのかと言いますと、わたしは、『もう一つの日本』というようなことを考えたいからです。〔中略〕この日本という国の、今までの歴史をふり返ってみますと、〔中略〕何かこう固い画一性があるような気がしてなりません。みんな一色に塗りつぶされてしまうという息づまるような何かが[5]」ある、と述べる。

そして、

今申し上げたようなイメージの日本とはちがった、もう一つの日本、つまりヤポネシアの発想の中で日本の多様性を見つけるということ[6]

——を企図した。

四　あたらしい視座から

島尾は日本を「ヤポネシア」と名づけ、島々の連なりと捉えた。

それは、奄美大島での生活から体得した視座である。このあたらしい視座から、日本の多様性を見い出す探究と思索を展開した。ヤマト（本土）を中央「中心」とみなし、南洋の島々を辺境「周縁」に置く通念と偏見の是正を試みた。「大和朝廷―北条得宗家―琉球―薩摩―鹿児島―米軍」とつづく長い被支配の歴史によって地理的・歴史的に主体性を見失い、周縁性・従属性のみを意識せざるをえない複雑な負の観念をかかえがちな奄美の、アイデンティティー確立にはかり知れない力をあたえたのである。

この島々は日本を形造っているひとつの基本的な部分を負担する地域であること、従って近世以来の本土に対する劣等感は無意味なこと、つまり結論としてこの島々が、日本らしさをあるいは最も素朴なもしくは純粋なかたちで保っていることを、多少高い声でしゃべった[7]

作家の立松和平は「ヤポネシア」を「美しい言葉[8]」と感嘆した。「中央集権のヤマトに対し、ヤマトから見れば辺境の地からの存在証明[9]」と瞠目。

日本列島の歴史は中央集権を持ったヤマトからすべて語れるわけではない。アイヌ、東北、奄美、沖縄と、ヤマトから見れば異質な文化の水脈が幾つも重なりあって流れるのが、日本列島なのである。〔中略〕東北の血を引いて、神戸で生まれ、九州で学んで、奄美で生活し、まさに列島の子として生きてきた島尾敏雄だからこそ、ヤポネシアという発想が生まれた[10]

――と島尾ゆえの先見性を指摘する。そして、「中央集権的国家観とは正面から対峙する思想[11]」と評価した。

「ヤポネシア」というあたらしい視座から示唆を得た研究者、文化人は数知れない。

たとえば、「中心と周縁の理論」で知られる文化人類学者、山口昌男にそれを見る。

「ウチ／ソト」の図式は「ウチ」と「ソト」とを画す確たる境界を引かずばすまない（「ウチ」たる面と「ソト」たる面を分かつ線がある）。ところが「中心／周縁」の図式は、中心とその他の部分とが存在するのみであり、周縁を画するような確たる境界はどこまでいっても存在しない（「中心」たる点と「周縁」たる面に境界線はなく、「周縁」は点を「中心」とするひろがりでしかない）。したがって、周縁たる辺境とは、中心たる権力の一部にすぎず、外部ではない。中心以外のすべてを周縁化し、外部を否認、あらゆるものを包摂するのが中心の中心たる野望、すなわち覇権主義である。中心が本土（ヤマト）であれ琉球（沖縄）であれ、奄美は歴史的に常に周縁たるを余儀なくされた。これは「中心／周縁」の視座から得られる人類学的・社会学的成果、かなしき構造理解である。

ここに山口は、「中心／周縁」という二項対立的思考の枠組みを超えて、それまで積極的な意味を論じられることの乏しかった「周縁」に意義を見い出す。周縁の中心に対する他者性の、多義的な豊かさを発見。「ヤポネシア」の視座が、中心による画一化から解放、周縁にはらむ豊かな他者性、すなわち多様性へのまなざしをうながす。ヤポネシアという視座の面目躍如を見るかのようである。

山口に学んだクレオール（カリブ海域など、植民者と先住民などとの交流から生じた混合言語を母語とする人たち、およびその文化）研究などに携わる今福龍太も、島尾に触発された一人である。世界を群島の連なりと捉え、二十一世紀の世界認識を論じた『群島―世界論』（平成二十年）を著している。その第三章「浦巡りの奇蹟」では、奄美群島に渡り、大島や加計呂麻島を訪ない、その海岸線の小さく切れ込んだ浦々をめぐって、島尾作品にみちびかれての考察が綴られる。

心と書いてウラと読む。この万葉以来の用法からすぐ気づくことは多い。心悲しい、心淋しい、心思い、というときのウラは、意識の内奥、すなわち表に見えない心中の微妙な機微にかかわる音＝ことばである。[12]

——とはじめられ、

心《うら》から発して浦を巡り、浦浦の心象が意識の裏側へと通底する地点へたどり着いた私の目に、ふたたび加計呂麻島の深い暗緑色の入江の海が映る。その瞬間、「浦見＝恨み」という音が不意に口からこぼれ出る。だが、古には呪術的な動作であるその音には、怨念の苦渋も重圧もなく、その響きは不思議なほど清明だ。ウラミ（怨み＝恨み）の感情的世界を突き抜けて、ウラミ（浦見）という古く豊かな眼差しが宿る意識の地点へと誘われたのであろうか。さらにそのウラ音の背後に「占」という文字も点滅しはじめ、青い水をたたえた入江の漣は、神意を問う私の占象《うらがた》へと変貌してゆく。[13]

——と結ばれる。「ヤポネシアのしっぽ」たる琉球弧に知る人は知る、あるいは日本語の文目《あやめ》を、あるいは聖と俗・形而上と形而下・彼岸と此岸との紐帯を、あるいはそこここにたゆとう魂のつぶやきを、見る人は見、聴く人は聴き、読む人は読むだろう。

尖鋭な現代詩人である吉増剛造は、ロシアの映画監督A・ソクーロフを、島尾の死後奄美に暮らしたミホ夫人との邂逅へと導いた。北国人と南島人との出合いにあたらしい芸術創造を予感。それは映画『ドルチエ――優しく』(A・ソクーロフ監督、島尾ミホほか出演、平成十一年)に結実する。その制作にかかわるなか、吉増は映像と言語とのあらたな地平を見い出した。

今福と吉増の共著『アーキペラゴ――群島としての世界へ』(平成十八年)は、「ヤポネシア」の視座が描く世界認識と問題提起とにあふれる。たとえば「群島」すなわち「アーキペラゴ」を語源学的に解体するなか、見えてくる世界について、こう語る。

> 辞書でアーキペラゴを引けば、〔中略〕一般名詞として必ず出てくる二つの訳語があって、「群島、列島」という訳語と「多島海」という訳語です。これがおもしろいのは、アーキペラゴというギリシャ語に端を発した概念のヴィジョンは、群島、列島といったときは島の連なりを指している。海が地にあって、島が絵柄として浮き出している。ところがもう一つの多島海という訳語を採用すると、島がたくさん浮かんでいる海という意味ですから、海がアーキペラゴの意味する内容になるわけです。今度は島がたくさん浮かんでいる海ですから、海の上にたくさん浮かんでいる島という絵柄から見ると、ちょうどネガとポジの関係です。

アーキペラゴという言葉がその両方のイメージをはらんでいるとすると非常におもしろい。〔中略〕群島という概念には、ネガとポジがヒュッとひっくり返るような動きがあらかじめはらまれている。僕はそこに視点や認識の反転や飛躍の機会が隠れているという気がします。[14]

五　喫緊の課題としてのあたらしい視座

島尾敏雄の提唱した「ヤポネシア」という視座。現代、このようなパラダイム転換とも言うべきあたらしい視座の獲得は、われわれに喫緊の課題である。

たとえば、令和三（二〇二一）年の夏、「東京五輪二〇二〇＋一」において、日本人が恥じ入らざるをえないほどにあらわになったのは、日本における「多様性」全般に関する認識の低さであった。五輪組織委員会委員長（元総理大臣）による女性蔑視発言。企画・演出統括者による出演予定者への容姿侮辱。楽曲担当者による過去の、とくに障害者に対するいじめ。制作・演出ディレクターによる過去のホロコースト（ユダヤ人大量虐殺）揶揄。……これらすべてが「多様性」にかかわる醜聞であった。「異なる他者」へのまなざしの貧しさが露呈されたのである。

カトリック教会においても、「多様性」については歴史的に、また教義にあっても、反ユダヤ主義、異端審問、家父長制《パターナリズム》、女性の司祭職不可など、決して相性がよいとは言えない。やはり「異な

る他者」へのまなざしは、きわめて貧しい。現代の教会の現場で問題となっているのも、

(1)新旧を問わない宣教地における先住民あるいは非信者への差別と虐待

(2)ＬＧＢＴＱ＋《エル・ジー・ビー・ティー・キュー・プラス》などの性的少数者あるいはジェンダー（性差）をめぐる理解のかかえる諸問題

(3)司祭・修道者による男女の別ない幼児・若年者に対する、あるいは女性に対する性的虐待

(4)司祭による地位的優位を利用した教会での専横と抑圧という暴力

――などである。

現代、こうした諸問題においてもとめられるのは、幅の広い多様性理解。これを教会内に促すとともにその実践の鍵となるのは、「ヤポネシア」のようなあたらしい視座ではないか。

六　奄美の自然

住民比となれば、長崎をもしのぐとされるカトリック信者を擁する奄美大島である。被支配・迫害・差別に耐え、ねばり強く信仰を育んできた。それでも島をめぐる現実は、カトリックの市民権に揺るぎないとはいえ、基本的に、カトリックにあらず。むしろ太古以来ありのままな「自然」に基づく世界観にある。

令和三（二〇二一）年七月二十六日、奄美大島が徳之島、沖縄島北部および西表島とともにユネスコ世界遺産に登録されたのは記憶にあたらしい。その特異にして多様性に富む風土が評価された。しかしながら、こうした南洋島嶼地域に特異な遺産は、自然にかぎらない。

東方の海のはるかかなたに、いのちの源《みなもと》にして他界たる楽土「ネリヤカナヤ」が存在するとされる。生者の魂はネリヤカナヤから来訪、死者の魂はふたたびネリヤカナヤへと還ると信じられている。

集落などの共同体の公的祭祀をつかさどった「ノロ」、私的レベルで呪術職能（霊媒）を担う「ユタ」。それらは習俗や迷信にとどまらない、いまも島人《シマッチュ》の日常の切実と分かちがたく結びついている。カトリック信者にさえ「ユタ神《ガミ》さま」に依りたのむ人はまれでない。その汎霊・汎神的自然に基づく世界観と、キリスト教なる唯一神教との微妙な均衡が内的にも外的にも見られるのである。

これの理解に乏しく、忌み嫌い、島の信仰の浄化を謳って「悪魔祓い」をのぞむ、本土から来島するカトリック司祭がいる。「そうすれば、もっと教勢が伸びる」などとうそぶく。「奄美の信者は駄目だ」と烙印を押す司祭がいる。島人の大らかさと屈託のなさを、これまでの宣教師たちとの親昵とかさね、「長く宣教師に甘やかされすぎた」と批判する。

かつて、たしかにゼローム神父も「過保護ではなかっただろうか」と自問するかに述懐したことはある。しかしそれは、弔辞にも語られたように「奄美の人以上に奄美を愛した」司祭の言葉だ。地位的優位に驕《おご》り、教義や教会法をふりまわし、地域社会への心遣いや司牧的配慮に欠ける司祭の言葉ではない。異なる社会に来て、異なる文化にふれて、これを見下《みくだ》すことで安心している司祭の言葉ではない。島や島人を蔑《さげす》む司祭の言葉とはおのずから意味するところは異なっている。

そもそも「甘やかされ」てなどいない。宣教師は甘やかしてなどいなかったし、それは「過保護」でもなかった。戦後最初に来島したフェリクス・レイ神父は報告している。

島の人々は、先の戦争で多大な損失を受けている。戦後、諸外国との通商は差し止められている。島独自で経済を支えることは、不可能な状態である。また、人々にとって生活需要品を得るのは、非常に困難な状態である。〔中略〕住民は貧しく、また、衣料も極度に不足していて、極貧の状況である。[15]

「当時の日本はいずこもそうであった」「だれもが困窮していた」「奄美にかぎったことではない」などと言う徒輩《やから》は、道徳的想像力に欠ける、こころない連中である。「極貧の状況」を目の前にして、扶助せんと努めた宣教師たちは「甘やかした」のか。それは「過保護」であったか。

彼らは、何世紀にもわたって官憲の圧迫に耐えてきた民族です。サトウキビをかじっただけで子どもたちが容赦なく殴られたことを、お年寄りは今でも覚えています。[16]

このような苛酷を、宣教師は報告する。「当時の日本はいずこもそうであった」か。「奄美にかぎったことではない」か。

敗戦から十年、本土復帰から二年にあたる昭和三十年度の統計を基礎に、島尾敏雄は語る。

島の人々は貧困のどん底を歩んできたし、今にしたところが、その貧困から見のがされているとはいえない。(昭和三十年度における大島郡一人当りの所得の対全国比は四二・一%、被生活保護者は市街地総世帯八二四八のうち八五八世帯。)[17]

これを註して、さらに言う。

この比率はその後悪化し、三十四年七月一日現在の統計によると、郊外部落もふくめた全名瀬市総世帯数一万一二九〇のうち(市街地だけは九一六二世帯)二〇八二世帯が被保護世帯になっている。その保護率は人口一千に対し百五十人で(全国平均は十八人強)、日本の中でどこにもそのような高率のところはないと言う。[18]

あるいは、「島の信者はもとめるばかり。受けとるばかりだ。宣教師に甘やかされ、みずから差し出すことを知らない」と非難する司祭がいる。

ほんとうにそうか。

宣教師もクリスチャン自身も、自助努力を重視しています。目標はまだ達成されていませんが、比較的に貧しい人々の努力は賞賛に値します。[19]

これはかつて奄美を視察した司祭の寄せた言葉である。

いま奄美を非難する司祭たちは、かつての宣教師と信徒との蜜月をねたみ、言いがかりをつけているにすぎない。なにも知らない、知ろうともしない。こころをはたらかせようとしない。福音を宣べ伝えるべき牧者であるにもかかわらず、みずからの羊たる信徒を、なにより島を、島人を愛していない。

七　未来はモノトーンではない

ローマ教皇フランシスコの言葉を思い出す。

令和元（二〇一九）年、教皇の来日したとき、「青年の集い」で語られた言葉である。

「皆さんを見ると、今日の日本に生きる若者は、文化的および宗教的に多様であることが分かります。〔中略〕未来はモノトーンではなく、各人による多種多様な貢献によって実現するものだということを、すべての人に思い起こさせてくれます」

奄美において、これはかつて、実現していたとまでは言わない、しかし実践されてはいた。戦後最初のクリスマスの、第二バチカン公会議以前に、カトリックとプロテスタントがともに参加した市民クリスマスについてはすでに述べた。あるいはフェリクス・レイ神父は言う。

私は今のところ、カトリックの教えと、異教の慣行を和解させようとしていますが、かなりの難しさを感じています。[20]

「和解させよう」との実践なくば「難しさ」も覚えまい。あるいはフェリクス神父とともに戦後最初に奄美に入ったオーバン神父は語る。

私が唯一願っているのは、私たちの建設業者が、アメリカ的なタッチと計画に傾倒していることで、島民に私たちが大島をアメリカ化しようとしている、という印象を与えないようにすることです。仮にアメリカ風の方が奄美に合っているとしたら（私はいつも、そうだとは思っていません！）、私たちの目的は「完璧な建設」ではなく、「神の神殿をより良くすること」です。[21]

「アメリカ化」も「完璧」も望まない。奄美を「より良くすること」を願う。では、奄美のより良いすがたとは、ローマを規範とする旧弊固陋な、「悪魔祓い」をしての、単一な信仰のありかたであるか。

あるいはゼローム神父の、加計呂麻島が台風被害にあったときの回想譚。

私たちは、名瀬の港を朝の八時頃に出発して、午後四時になっても到着しませんでした。ようやく、私たちが西阿室に着いてみると、あわれな住民たちは、とても情けない顔をしていました。上陸早々、看護師のシスター水浦と、もう一人のシスターが衣類を配り、人々を励まして治療を始めました。私たちは、すぐに野外で台所を用意して、うどんや魚の缶詰などで食料を準備しました。

救助作業は、翌日の昼過ぎまでつづき、暗くなってきたので、帰らなければなりませんでした。〔中略〕

ゼロームは言いました。「いいですか、はっきりさせます。私たちはあなた方をカトリックにするために来たのではありません。私たちはあなた方を助けるために、ここに来たのです。本当に勉強したいと思っている人はいいですが、私たちから何かをもらったからといって、カトリックになることはいけません。公教要理の勉強に来ることは、私たちに恩返しをするためだと思って、それを勧めることもいけません。それは自分のためにも、神さまのためにも正しくありません」と言ったのです。[22]

カトリックにするために来たのではない、助けるために来た。こうした透徹した高邁と潔癖なるすがたは、「異なる他者」への真実《ほんとう》の謙遜、ならびにその人びとに対する敬意と愛情の表れにほかならない。少なくともかつて来島した宣教師たちは「モノトーン」などもとめてはいない。島尾が「ヤポネシア」という視座を提唱したのは、通念となった日本とは異なる、もう一つの日本を見い出すためであったことを思い返すべきである。日本の多様性をみとめるためであったことを知るべきである。

僕が奄美に住んで学んだことは日本は一般に考えられているよりもっと時間的に長く、空間的に広いということだ。一般的な日本のイメージは、本土の、しかもその中央を舞台とした日本国家の建設の展開という「枠」のなかでとらえられたものだった。全体的な日本は有史以前も含んでいるはずだし、また空間的にも、ある時期に日本国家の「枠外」で別個の国家を形成していた琉球弧の地域も当然含まれるものでなければならない。

狭い意味の日本に限って言えば、考え方のなかに排他的な、ある狭さを露出させることがあっても、琉球弧の人々はその考えから自由であることができた。そのところが広い日本を考えるポイントになると思う。それは「異和や異族」の問題ではなくて、日本の「多様と可能」だと思う。[23]

「時間的に長く、空間的に広い」「枠外」。ならば、通念となった教会でも信仰でもキリスト教でもない、現代の教会を、現代の信仰を、現代のキリスト教を、そのあるべきすがたを見い出すために、現代のカトリック教会にもとめられている視座とはなにか。「未来はモノトーンではない」のである。「異和や異族」に比定されよう異宗や異端の問題ではない、「多様と可能」である。

異和の感じは、かえって日本の画一なあらわれ方を救う変様でもあるかのように、はたらきかけてくる[24]

この島尾の言葉にある「日本」を、「カトリック」に置き代えて考えてみるがよい。とかく「一致」という美名をかりた、同調圧力や画一化・均質化の暴力、ないし全体主義、すなわち「モノトーン」の抑圧がまかりとおるカトリック教会にあって、幅の広い多様性理解の構築と浸透は容易ではない。「異なる他者」への共感と連帯へとつながるまなざしの獲得は容易でない。島尾が日本について語った言葉は、カトリック教会にもあてはまる。くり返し、引用しておく。

何かこう固い画一性があるような気がしてなりません。みんな一色に塗りつぶされてしまうという息づまるような何かが[25]

平成十六（二〇〇四）年。笠利小教区カトリック宣教百周年を祝ったときのことである。その式典当日、実行委員長の山田賢三は、教会での祝賀会に同じ地区に住まう非信者の隈元敏郎を招いていた。たんに非信者というだけでない、隈元は大本教《おおもときょう》の熱心な信者である。大本教もまた戦前、奄美におけるカトリック、いやむしろホーリネスと同様、大正中期から奄美にも布教され昭和初期に隆盛を見、のち全国的な規模で官憲による迫害にあった宗教。[26]隈元は、諸宗教を代表して、祝辞を述べた。

「本日、諸宗教者一同も喜びをともにするということは、宗際化が叫ばれているとき、まことに有意義でありがたいことだと思います。〔中略〕宗際化の歩みにあって、カトリック大笠利教会宣教百周年の吉日に、諸々の宗教者も参加し、記念式典、祝賀会が催されることは、まさに世界平和への第一歩です」

宗際化とは、inter religious の訳語である。宗教・宗派のちがいを超えて、世界平和実現のために対話・協同しようとする姿勢・活動をさす。さしずめ、世界のあまねくに多様な宗教の現代的あり方の実践である。

教皇さえ「未来はモノトーンではない」と訴え「多種多様」を説く現在《いま》、少なくとも日本のカトリック教会は、島尾敏雄を看過できないはずである。「ヤポネシア」を、奄美を、看過できないはずである。

第六章　本田哲郎

日本最大の「ドヤ街」釜ケ崎（大阪市西成区）。日雇《ひやとい》労働者の町、路上生活者《ホームレス》の町として知られる。

ここに、高齢化も進み、ますます困窮する、日雇労働者・路上生活者を支援する社会福祉法人聖フランシスコ会「ふるさとの家」がある。そこで三十年にわたり活動するフランシスコ修道会の本田哲郎神父は、奄美大島の人である。

一　やって来たのは教会だった

ある高名な神学者が言ったという。

「イエスの死後、イエスを信じた人びとは、イエスの再臨を、神の国の到来を待ちつづけた。ところが、やって来たのは教会だった」[1]

つまり、イエスの死から現代まで、この世の悲劇は、教会の来たがゆえと言うのである。「ところが、やって来たのは教会だった」。洒落にもならない。とはいえ、その後の歴史を思い返すがよい。人びとに「救い」のもたらされたのではない。「教会」という組織的・制度的抑圧と暴力が世界に蔓延されたのではなかったか。……自虐史観と切り捨てるわけにもいくまい。この辛辣な皮肉は、天に唾してみずからを汚すように、口にしたみずからを貶《おとし》めるのだが、一抹の理はある。

ローマ帝国での国教化以降、教会権力の伸長にともなう、十字軍、魔女狩り、異端審問、植民地主義に結託した宣教、新しい学問・科学技術や社会革命・労働運動に対する敵視などなど、その権威主義的姿勢が、中世から近現代にかけて、世界史に数多の汚点を残したのは知られるとおりである。

貧しい人びと、虐げられた人びと、少数派の人びとなど、社会的弱者をよりも、むしろ強者の側・権力の側に立ってきた印象は拭えない。第二バチカン公会議を経てようやく、この世と向き合う姿勢も生まれたのだが、資金洗浄、権力闘争、司祭・修道者による女性や未成年者への性的虐待、旧植民地における先住民族への強制改宗と差別・虐待、聖職者の奢侈などの醜聞はあとを絶たず、ジェンダー、LGBTQ+《エル・ジー・ビー・ティー・キュー・プラス》、離婚、同性婚などの現代の課題には応えきれない。いまも社会的弱者・少数者である「小さくされた人たち」とは十分に向き合えていないというのが実情である。

二　釜ヶ崎

昭和三十年代後半から四十年代半ば（一九六〇年代）の高度成長期。大阪万博もひかえて労働力を必要とした大阪では、全国各地から労働者が集まり、建築・土木・港湾事業などの日雇労働に従事した。かれらの寝泊まりする簡易宿泊所が「ドヤ」。これの集積する地域を「ドヤ街」と呼んだが、全国でも最大の人口と規模を誇ったのが、大阪市西成区の北部、大阪環状線新今宮駅の南に位置する釜ヶ崎である。

オイルショックに見舞われた昭和四十年代末から五十年代（一九七〇年代半ば以降）、雇用は減少。失職の鬱憤と新左翼による煽動も手伝って暴動（西成暴動）も頻発した。路上生活者は恐いといったイメージが先行、定着したのもこの時代《ころ》だろうか。

昭和六十年代（一九八〇年代後半）はバブル景気に沸くも束の間、平成三（一九九一）年三月のバブル崩壊以降、求人数は激減し、日雇労働者の生活は困窮する。これに平成二十（二〇〇八）年のリーマン・ショックも追い打ちをかけた。

日雇労働は、文字どおり、一日にかぎられた雇用である。安定収入はのぞみ得ない。不況に見舞われ、仕事にあぶれれば、生活基盤を失い、路上に。住所地を失えばなおさら就職も困難となる。貧困の悪循環に陥る。

日雇労働は肉体労働が中心だ。体力にまさった若年層が有利。六〇年代からこれに従事してきた人びとの多くは現在、高齢者になっている。仕事にあぶれれば、先述した貧困の悪循環に。加齢にともなう衰弱や疾病も抱え、困窮はますますきわまる。適切な治療や福祉サービスからも漏《も》れていく。

三　ふるさとの家

こうした釜ヶ崎の日雇労働者・路上生活者の支援のため、フランシスコ修道会のハインリッヒ神父によって昭和五十一（一九七六）年、「ふるさとの家」が設立された。高齢の日雇労働者のための食堂としてスタート。その後、談話室と図書室とが加わった。

バブル崩壊後、平成四（一九九二）年ごろから、路上生活者の増加が顕著になる。以後、⑴安心して昼間に休憩できる場の提供、⑵生活困窮時の相談先が分からない人や一人で役所に行っても相手にされない人のための相談業務――に事業を傾注。食堂も図書室もやめた。

現在、ふるさとの家は、相談室（医療・生活相談・病院訪問・居宅訪問）、談話室（六十歳以上の休憩室）、自炊室（主にラーメンを調理するコンロを常設）、ともの広場（年齢制限なしの休憩室二部屋）、納骨堂からなる。日曜日の朝、談話室でミサがある。

最近では、日雇労働者にかぎらない、リストラによる失職者、病気のため就業困難な人、年金目当ての詐欺による被害者なども利用。ふるさとの家に集うのはみな、「仕事さえあれば」と願う人たち。生活保護の受給を優先に願う人はいない。

路上生活者はかならずしも世間一般に言われるような自堕落な人でも怠け者でもない。景気の調整弁として、経済に都合よく使い回され、遺棄された人たち。時代に玩弄された、社会の犠牲者である。「自己責任」などという言葉は、未成熟にして野蛮な社会の、無責任な言い逃れにすぎない。責任は政治と社会にこそある。

四　本田哲郎

(1) 釜ヶ崎に至るまで

ふるさとの家を拠点に、釜ヶ崎で三十年にわたり活動しているのが、フランシスコ修道会の本田哲郎神父である。

本田神父は昭和十七（一九四二）年、四代つづくカトリックの家系に、台湾で生まれた。両親は奄美大島の出身。敗戦と同時に、奄美に引き揚げてきた。神父は（三歳から）奄美大島で育った。ちなみに戦時中秘匿され、戦後浦和教会に献納されていた大笠利教会のアンゼラスの鐘の所在を地元に知らせた本田仁義は、神父の父である。

昭和四十（一九六五）年、上智大学を卒業後、フランシスコ修道会に入会。同四十六（一九七一）年、司祭に叙階される。同五十三（一九七八）年、ローマ教皇庁立聖書研究所を卒業した。

やがて、本田神父はフランシスコ修道会日本管区長に選出される。
神父は述懐する。

さすがにこのときは、まずいぞとあわてました。[2]

なぜか。カトリック界においては申し分のない生まれと経歴を備え、順調に、これにふさわしい地位を得たと傍目には映るが、なぜ「まずい」のか。
本田神父はみずからを「よい子症候群」と診断。次のように語る。

一族みんなクリスチャン。そういう中で育ちましたから、クリスチャンらしくしなさいとどこでもいわれて、心理的な圧迫感をいつも感じていた〔中略〕常によい子でいなければならない〔中略〕よい子というのは、実は、裏を返すと、顔色を上手に見る子ということ〔中略〕人からよく思われたい、さすがと一目おかれたい、〔中略〕結果的に自分を偽り、人の目を偽り、神を偽っている〔中略〕そんなわたしが責任者に選ばれたのですから、宗教組織としてはこれは駄目になって当然だと思った[3]

本田神父は、だから「このままではいけない、本物にならなければ……」[4]と願い、真剣に祈った。しかし祈っても祈っても、変わらない自分を見い出すばかり。祈れば祈るほど、独《ひと》り善《よ》がりな自分を知るのみ。神父は半ばあきらめたという。

そんなある日、本田神父は、管区巡察の一環として、釜ヶ崎を訪れる。日本最大の「ドヤ街」、日雇労働者・路上生活者の町。その現場に立った神父は怖じ気づいた。「しょうじきいって、こわいという、そのひとことでした。ひたすらこわかった」[5]。だから、みずからの気もちに整理をつけた。

こういうところの人たちと関わるには向き不向きがある。自分は向いてないんだ。人はそれぞれなんだ。わたしは専門の聖書学で自分の役割を果たしたらいいのだ[6]

(2) 出会い

このようにわりきった本田神父。それでも、毛布や味噌汁を配ってまわる「夜まわり」には参加した。

「自分には関係ないわ」と動く気になりませんでした。だけども、やっぱり気になるのです。「何ていわれるかな。修道会の責任者が視察に来ていながら、現地でやっている活動をいっしょにやらないのはおかしいって思われたらいやだな」と。ただもうそれだけでした。かっこうをつけるために夜まわりに参加したのです。[7]

参加者がみな、野宿者の確認のため、脇道に入ってしまった。夜道に一人。そのとき、道路わきの植え込みに、うつ伏せとなっている人を見い出す。おそるおそる声をかけた。これに応《こた》えてその人が顔をねじ向けた瞬間《とき》、神父は「殴られる」と思わず身をひいた。ところが、その人はやさしい笑みを浮かべていた。「兄ちゃん、すまんな、おおきに」。その笑顔と声に神父は解放された思いがしたという。

それから。……

「なんかいままでの自分とはちがう」と思いはじめる。

わたしはそれまで、当然、信仰を持ってるわたしが神さまの力を分けてあげるものだと思いこんでいた。教会でもそんなふうなことしか教えていなかった。だけど、ほんとうは、違うんじゃないだろうか。じっさい、わたしには分けてあげる力なんか、なかった。ほんとうは、あの人を通して神さまがわたしを解放してくれたのではないのか。[8]

以後、本田神父はみずからを問い直す。信仰をもつ、学問を身につけた、社会的評価を得ている自分が、「果たしていままで、だれかの解放につながるような、ほんとうの意味での、心の根本の、救いにつながるようなはたらきをすることができていたのだろうか」。[9]

(3) 発見――力は弱さの中にあってはたらく――

日雇労働者に限らず、生きていく中でほんとうにつらい思いを日常的にしいられている人たちこそが、人を解放するパワーを持っているのではないか……。[10]このような問いを立てた本田神父は、あらためて、聖書を読んだ。本気で聖書の読み直しをはじめた。「救いと解放は、イスラエルの民からすべての民へ、新しい選びの民である教会から社会の人たちへ、つまりクリスチャンからノンクリスチャンへ[11]」と教わってきたし、教えてもきた。しかし、神父自身の釜ヶ崎での体験はちがった。「教え」とは正反対。だから徹底して原文にこだわり、従来の訳や神学に引きずられることのないよう直接、旧約はヘブライ語原典、新約はギリシャ語原典にあたった。イスラエルの民とは、どのような人びとであったか。初代教会の人たちは、どのような立場にあったのか。

本田神父は発見する。

主は言われた。「わたしの恵みはあなたに十分である。力は弱さの中でこそ十分に発揮される」。だから大いに喜び、みずからの弱さを誇ろう。〔中略〕わたしは弱いときにこそ強いのだから。[12]

ここに、旧約と新約の別なく、聖書に一貫して語られる神の力の要約がある、と。

また、

あなたは、あなたの神、主の聖なる民である。あなたの神、主は地上のすべての民のなかからあなたを選び、みずからの宝とした。主があなたたちに心をひかれて選んだのは、あなたたちが他《ほか》の民よりも数が多かったからではない。あなたたちが他のどの民よりも貧しく、弱かったからである。[13]

イスラエルの民が神から選ばれたのは、どの民よりも貧しく、弱かったから。神の選びの理由はただ一つ。「いちばん貧しく、小さくされていたということ」[14]。ユダヤ教における割礼の有無、キリスト教における洗礼の有無も関係ない。

神は、いちばん貧しく小さくされている者を通して、すべての人を救う力を発揮される。[15]

これが、本田神父の発見である。

ここで「小さくされた人たち」という本田神父に独特の表現についてふれておく。「小さい人たち」ではない。乳幼児、年少者、か弱い者など、自然要件における「小ささ」だけでない。社会的に見捨てられ、蔑《ないがし》ろにされ、排除されたような、世に立場を失った弱者や少数者のこと。社会が見て見ぬふりをし、社会によって見えなくされた、ないものとされた（あたかもその存在がないかのように扱われた）、人間存在を侵害され毀損され否定された人たちを表す。

このような「小さくされた人たち」をとおして、すべての人びとに神の力ははたらく、というのが、神父のみずから釜ヶ崎で体験もし、聖書の読み直しから知った「発見」であったというのである。

だからといって、「神は人が貧しく小さくあることをよしとしているのではありません。貧弱だからこそ、神がご自分の力をその人たちに託し、自分たちが貧しさ、小ささから立ち上がって、まわりの人々を解放しつつ、共にゆたかになっていけるように定めているということです[16]」。

これを本田神父は、さらに聖書を吟味することを通じて、確信する。救いの歴史そのものをふり返るなか、より明確に見い出す。

アブラハムは寄留者、すなわち難民であった。モーセはお尋ね者、追手をかけられた逃亡者。ダビデもまた「エッサイの子」と呼ばれ、時の王から追われる身[17]。このように、イスラエルの民を率いた者たちは、いずれも「小さくされた人たち」であった。だから預言者も注視。しかし、たとえばダビデのように王位を得て、軍を従え他国を制圧、思うままにふるまうようになると、預言者は離れる。イスラエルは選ばれた民としての位置づけを失う。「バビロン捕囚[18]」。そこでふたたび貧しく小さくされたイスラエルの民を、預言者がはげます。イザヤが語りはじめる。

闇のなかを歩む民は、大いなる光を見た。
死の陰の地に住む人の上に、光が輝いた。[19]

そして、告げられる。

主が、わたしに言った。
あなたはわたしのしもべ、イスラエル
あなたを通してわたしの輝きはあらわれる。[20]

「やはり神の力は、貧しく小さくされている仲間たちを通してはたらくんだ、そういう仲間たちを神はいつも選んでいるんだ、それが神の選びだ[21]」と神父は得心したという。

神の力、人を生かす力とは、こちらが元気だから、元気を分けてあげられるというようなものではない。人の痛み、苦しみ、さびしさ、悔しさ、怒り、それがわかる人だからこそ、人を励ますことができる。〔中略〕ところが、いつのまにかキリストの教えが宗教という枠組みをとるようになって、やたら上から下にという権威主義的な発想にずれ込んできていたのです。持っている人が持っていない人に、強い人が弱い人に恩恵をほどこすのを良しとする風潮になっていきます。これを「分かち合い」といえば、いいこと、美しいことのようにひびきはします。

では、**何も持ってない人の尊厳はどうなるのか**。持ってない人はもらうだけなのか。ただ、ありがとうというだけなのか。キリスト教とは金持ちの宗教なのかという話になってしまう。〔中略〕病気で、貧しくて、年老いていたら、みんなのお荷物になるだけなのか。みんなの哀れみとほどこしの対象でおわりなのか、ということになる。キリスト教ってそんなものだったのか。〔中略〕ところが、原典をたどってみると、そんなことは書かれていないのです。ひとことで要約すれば、**力は弱さの中にあってこそ十分に発揮される**、と書いてある。つまり貧しく小さくされた人たちのいつわらざる願いを真剣に受けとめ、その願いの実現に協力を惜しまないときに、人は共に救いを得、解放していただける。それが神さまの力だということです。[22]

五　小さくされた人たち

　このように発見から確信を経て、得心へと至った本田神父は、釜ヶ崎で活動をつづけるなか、聖書理解をより深めていく。平成二十三（二〇一一）年七月八日、浄土真宗大谷派円光寺での戦没者追悼法要における講話で、神父は以下のように語る。

「空腹な人たちに炊き出しすることは必要なこと。大事なこと。だから、差し出す側にはよいことをしているという充足感がある。しかし、列に並ぶ側は、辛《つら》い。たとえ心のこもったものであれ、大の大人が他者《ひと》から貰って食べるなど、そんな辛いことはない」

だから、

　　わたしが飢えていたときに食べさせ、のどが渇いていたときに飲ませ、旅をしていたときに宿を貸し、裸のときに着せ、病気のときに見舞い、牢にいたときに訪ねてくれた。[23]

従来の訳文が示す、イエスが救いの理由《わけ》を語るくだりに疑問をもった。一般的に知られた訳文に違和感を覚えた。ギリシャ語原文を調べてみた。

わたしが飢えていたとき、自分で食べていけるようにしてくれた。わたしが渇いていたとき、自分で飲めるようにしてくれた。[24]

「持たない人に施しなさい、ということではなかった。原文は、釜ヶ崎の仲間たちの思いに沿うことが書かれていた」

本田神父は言う。

「聖書を深めたいと思うとき、学者や宗教家に尋ねるより、痛みの現場にある人たち、社会の中で小さくされている人たちの感性に学ぶ方がよい。イエスの教えは、学問して深められるものではない。むしろ痛みを共感・共有するところから、見るべきものが見えてくる」

六　われわれの加害者性

「路上生活者は必ずしも世間一般に言われるような自堕落な人でも怠け者でもない。景気の調整弁として、経済に都合よく使い回され、遺棄された人たち。時代に玩弄された、社会の犠牲者である」とはすでに述べた。これに本田神父の言葉をあわせ考えるとき、われわれ自身の加害者性に気づく。

よかれと思っての行い（施しなど）が相手の心を傷つけているというだけでない。快適な住環境に住まい、高度に発達した交通網にたより、何不自由のない都市的・文化的生活を享楽するわれわれだが、これを整備するために最底辺で働いたのは日雇労働者たち。いま釜ヶ崎で路上生活を余儀なくされている「おっちゃん」たちであった。ならばかれらの困窮は、自己責任ではない、われわれの責任。社会全体の問題である。

本田神父は語る。


わたしたちがいつも念頭におかなければならないのは、事は社会構造の問題、社会の仕組みの問題であるということです。わたしたちはみんな、社会の大きな仕組みの中で、抑圧する側か、抑圧される側かの、どちらかに立っているのであり、どちらの立場に立つかによって、わたしたちの発想の仕方、行動の選択、犯す過ちのタイプがきまってしまうのです。[25]

本田神父は毎週、日曜日の朝、「ふるさとの家」の談話室でミサを司式する。聖体拝領のとき、聖体（実体変化したホスチア。五一頁の割注を参照せよ）を、場合によっては食パンをちぎって、参列者全員に配る。カトリック教会ではふつう、洗礼を受けている人（すなわち信者）と受けていない人（すなわち非信者）とを区別、受けている人には配るが受けていない人には配らない、配ってはならない。本田神父はすべての参列者に配る。洗礼を受けていようがいまいが構うことはない。これを非難する声が、「ふるさとの家」を除く、教会内で（つまり司祭、修道者、信徒から）あがった。神父は「釜ヶ崎という社会の最底辺で生きる人たちのあいだで、信者であるかないか区別し、パンをわたすべき人とわたすべからざる人とを差別、パンを得る人と得られぬ人という格差まで設けるのか」と応じたという。はたして「それがイエス・キリストの教会のすることなのか」。神父の姿勢は透徹している。たしかに聖書に描かれるイエスは、たとえば「善きサマリア人」のくだり（ルカ一〇・二五—三七）を思い返すがよい、割礼の有無（ユダヤ人であるかないか）など、躊躇なかった。……半殺しの目にあって路傍に倒れたエルサレムの人を、ユダヤの祭司もレビ人《びと》（神殿奉仕者）も見捨てて立ち去ったが、ユダヤ人ではない異民族にして異教徒であるサマリア人は介抱した。——とのたとえ話を聞かせて、イエスは言う。

　だれがこの人の隣人になったか。
　行って、あなたも同じようにしなさい。[26]

ときに教会内で、「小さい人たちではなく、小さくされた人たちという表現で加害者と被害者とに区分、裕福な家庭をうしろめたい思いにさせている」などとの批判も聞く。富める者の尊大な言いぐさであることはなはだしい。「うしろめたい思い」のあるなら、それは疚《やま》しいところのあるからである。厚顔無恥の譏《そし》りも免れまい。「神の国の到来を待ちつづけた。ところが、やって来たのは教会だった」と言われても仕方あるまい。

われわれの安穏な暮らしが、じつはかれら「小さくされた人たち」の犠牲の上に成り立っていると知るべきである。自覚すべきである。かれらのかなしみに共感できないのなら、かれらの苦しみに連帯できないのなら、教会は有閑階級の社交場《サロン》にも劣る。福音も空念仏にとどまるのである。

奄美のこころ——拾遺集——

わたしはなにものか

書籍、冊子の類《たぐ》いをよく頂戴する。公的な調査研究報告書、紀要などの学術論文集、詩や小説などの文芸、専門家や愛好家による寄稿誌など、多種多様。ただ一様に、何らかのかたちで奄美にかかわるものが多い。そのお蔭もあって、コアに、かつ多角的に、奄美を学ぶ恩恵にあずかっている。これら書籍・冊子に共通するのは、奄美の独自性の記述と主張。意識してのことか、無意識の結果かは定かでない。概観するかぎり、その傾向は顕著と思われる。

今年（平成二十五年）頂戴したものから例をあげる。

『西日本文化』通巻四六二号（一般財団法人西日本文化協会）。「黒潮の道の島々」と題した特集。考古学、文献学、民俗学など、そのアプローチは多方面におよぶ。奄美の独特な風土と歴史を語る論稿が集まる。

『琉球諸語の復興』（沖縄大学地域研究所編、芙蓉書房出版）。奄美・琉球の言葉を、方言ではなく、（独立）言語と主張する。

情報誌『ホライゾン』第三十七号（ホライゾン編集室）。特集「奄美のカトリック教会を訪ねて」に、「弾圧や迫害は、全国でも奄美にだけ起こった悲しい歴史」とある。

政治、歴史、文化。思えば奄美は特殊な道を歩んできた。全国でもまれなる、きわめて独自な存在。誤解をおそれず言うなら、それはエキセントリックな位置にある。また曖昧模糊な、しかも複雑錯綜とした形象《かたち》と映る。

＊＊＊

『西日本文化』。

東和幸（鹿児島県立埋蔵文化財センター主任文化財主事）の「黒潮の道の島々」は、熊毛諸島、甑《こしき》列島、トカラ列島、奄美群島を概観する。各島々の自然・歴史・暮らしについて、その多様性を簡潔に綴る。

高梨修（奄美市立奄美博物館）の「薩南諸島（鹿児島県）」は、城久《ぐすく》遺跡群（喜界町）の発掘調査の成果をふまえ、いわゆる「南走平家」説にも連なる薩南諸島中世史観の再評価をうながす。また永山修一（ラ・サール学園教諭）の「古代〜中世の南島」は、古《いにしえ》の南西諸島のすがたをさまざまな文献資料に追う。この二つの論稿は相互に補完し、読む者に躍動する古の諸島像を示す。

あるいは川野和昭（鹿児島県歴史資料センター黎明館元学芸課長）の「『海上の道』再考——竹の焼畑とイモと黒米（赤米）——」は、川野の南九州から中国南西部を経て東南アジアにまでおよぶ十数年にわたるフィールドワークの成果を、日本を代表する民俗学者である柳田國男と坪井洋文の論考へと照射。説得力に富む。

これらは、いずれも近年の考古学や文献学の成果をふまえた論述。なかでも目をひいたのが、高梨の論稿である。

「発掘調査の開始以降、『大宰府の出先機関』などの報道が相次ぎ、注目を集めている。それが、城久遺跡群（喜界町）である。〔中略〕城久遺跡群は、在地の人びとにより営まれた遺跡とは考え難い」

島人《シマッチュ》による統治がなされたと長年考えられてきた「奄美世《アマンユ》」さえも外部の勢力下にあったとの考察に、奄美の人びとの自尊心が疼《うず》いたとして不思議はない。実証されていく、大宰府、千竈《ちかま》氏（北条得宗家の所領であった奄美の代官職を務めた御家人）、琉球国、薩摩藩、鹿児島県、米軍と途切れることのない被支配の歴史を、奄美の人びとはどのように受けとめるだろうか。

*
**

『琉球諸語の復興』。

琉球諸語とは、「奄美語」、「国頭語《くにがみ》」、「沖縄語」、「宮古語」、「八重山語」、「与那国語」の六つを指す。これに「アイヌ語」、「八丈語」を加えた八つをユネスコ（国連教育科学文化機関）は「消滅危機言語」に数える（二〇〇九年）。

第一部「琉球諸語概説」に収められた新垣友子（沖縄キリスト教学院大学人文学部准教授）の「琉

球における言語研究と課題」は、本書の総論的論稿である。琉球諸語の衰退は変化ではない、人為的変化を強いられたと見る。琉球諸語を方言ではなく、（独立）言語と考える。琉球諸語の存続に警鐘を鳴らし、復興活動の緊急性を訴える。従来の研究方法や復興活動では言語衰退速度に追いつけないと指摘。琉球諸語を母語とする世代の純粋な言語だけでなく、日本語（標準語）との接触から生まれた言語形式も視野に入れる必要を示唆する。新しい形式を認めつつ、純粋な言語の保存に努めることが課題という。

本書は琉球諸語への愛にみちている。少数言語を母語とする人たちと、少数言語を研究する人たちとにかよう共感は心あたたまる。だが奄美や琉球の歴史を顧み、琉球諸語の話者たちには複雑な心情もあるのではと思う。

言語か方言か。

これは畢竟《ひっきょう》、「わたしはなにものか」という問いにつながる。その応答「わたしは何某である」の決定要因。それはナショナリティー（国籍）、ローカリティー（地域性）、アイデンティティー（自己同一性）にまたがる。たとえば「日本人」、「琉球民族」、「ウチナーンチュ」。琉球諸語を語る人びとのうち、沖縄の人びとはいずれを「わたし」とするだろう。「日本人」、「鹿児島県民」、「シマッチュ」。奄美の人びとはいずれにみずからを重ねるだろうか。

本書で「『奄美語』概説」を担当した新永悠人（東京外国語大学）は、「編集部の希望を受け、『方言』という用語を使用しない。但し、筆者自身は、『方言』という用語を避けること（「～語」や「～

言葉」に言い換えること）が消滅の危機に瀕している言語（または方言）にとって有意義であるという考え方に賛成しない」と脚注で断っている。国立国語研究所が進めるプロジェクト名は「消滅危機方言の調査・保存のための総合的研究」である。

ここで、琉球諸語とされる「シマクチ」（島のことば）について、かつて島尾敏雄が言及したところを二、三ひいておくのは有効かと思われる。

まず、沖縄芝居を見ての述懐。

ふしぎなことに、芝居のなかの沖縄方言のせりふを理解するのに、私はそれほど努力を必要としなかった。ふしぎなことに、ではなく、それは当然のことだったかもしれない。どんなになまりが強くても、日本列島で話されることば以外の、べつのどんなものでもないのだから。〔中略〕日本のことばに感じやすい心の準備さえあれば誰でも、重ねて耳にするはたらきのなかでたしかめ合い、いきなりさとらせられるぐあいに、蒙昧の闇のなかから理解の光が、しだいにその領分を広げてくる陶酔にあずかることができたろう。[2]

次いで、列島最西南端の島のことばを録音で聞いて言う。

私は最近平山輝男、中本正智両氏採譜のソノシートによる与那国《ヨナグニ》方言をきき、この日本列島の最南端の孤島の方言が、これほども日本語であることにふしぎを感じたほどだ。[3]

そして問いかける。

さて沖縄、先島のこの島々にもし何世紀ものあいだ土着の文学がきたえられつつ保存、伝承され、島々に住む人々の生活の根っこに巣食っているとするなら、それは日本語の表現の広がり以外のなにものでもないはずなのに、なぜそれをわれわれは全体のものとして考えようとしなかったのだろう。[4]

あるいは、南島の折り目遊びの一つである「三月遊び」（サンガツアシビ）に端を発する「薬師堂」という「ワザ」（出し物）を鑑賞して、語る。

沖縄方言が、あまりにも日本語すぎることに気づくには、それほどひまがかからないが、やがて、それが日本語の言語としての幅をふくらますほども、表向きは日本語らしくない日本語の、ヴァリエイションのひとつであることに興奮するだろう。それはいわば日本語の可能性のようなものだ。[5]

言語か方言か。
呼称の問題ではない複雑を思う。

＊＊＊

『ホライゾン』。

「明治になっても続く搾取や貧困の中にあった島の精神的支柱を、カトリックという西洋思想に求めた」と書く。ここに「わたしはなにものか」に惑う島人の危機意識が想われる。ひょっとしたら迫害は、「わたしはなにものか」の渇望と焦燥がまねいたものかもしれない。これにうながされたものかもしれない。「カトリックは外国のスパイ」と喧伝した軍部は、「日本人と見られたい」との島民の潜在感情をたくみに操ったと思われる。迫害は、「わたしは日本人」との示威行動ではなかったか。いっぽう、信者もまた、信仰をまもりつつ、「わたしも日本人」と胸のうちでつぶやいたことだろう。「シマッチュ」あるいは「カトリック」との矜持《ほこり》を抑えられ、たがいに「わたしは日本人」と声にならない声で訴えねばならなかった奄美の悲劇。……ここに被支配の歴史がある。

＊＊＊

琉球（沖縄）でもなく、薩摩（鹿児島）でもなく、ヤマト（日本）でもない。もちろん米国ではない。けれども、やはりどこか日本でもないような不安。……疑懼と困惑と焦燥がいつまでも拭えない。――政治、歴史、文化、さまざまな面で、明確な「わたし」の確立を阻まれてきた奄美。いまも癒えない傷を負う。

今年は日本復帰六十周年。「奄美ナンバー」の導入も決定。今後、ユネスコ世界自然遺産登録と続く。こうしたにぎわいのなかで、わたしたちはみずからを、すなわち「わたし」を確立できるであろうか。しなければなるまい。

（奄美新聞・平成二十五年四月三十日、五月十五日、八月十二日に加除訂正のうえ再構成、一本化した。）

島尾ミホ『海辺の生と死』

島尾ミホ『海辺の生と死』（第十五回田村俊子賞受賞）が中公文庫で復刊された。初版（創樹社）刊行から三十九年、文庫化から二十六年が過ぎている。加計呂麻島で過ごした幼少時の思い出や、夫となる島尾敏雄との出会いなどが綴られた名著。

島尾敏雄による序文は、なにものにもまさる作品解説となっている。また長男、島尾伸三による挿画は、作品が醸す南洋のエキゾチシズムに幻想性を添加。家族愛が一書をなす。

「真珠――父のために」では、ロックフェラーやカーネギーのような資産家となり全国に高齢者福祉施設や児童養護施設を建設したいとの夢を抱いた父親の、「どんな不都合に出合っても、いつもにこにこ笑っていました」という温和で情け深い人柄を伝える。「アセと幼児たち――母のために」では、島の子どもたちに《アセ（おくさま）》と呼ばれ、慕われた母親のすがたを綴る。いずれも、世の親子のだれもがうらやむような、双方にかよう慈愛と敬慕がにじむ珠玉の小品である。

「特攻隊長のころ」ほか、島尾敏雄の軍人時代の思い出を綴った一連の作品は、夫となる島尾への初々しい恋心と、ほとんど崇拝と言って差し支えないほどの、敬愛の念にあふれている。結婚してなお失われることのない、ミホ夫人の純心がうかがえる。

そのほか、「茜雲」、「海辺の生と死」、「洗骨」など、昔日の島の暮らしや習俗を扱う稿は、郷愁をたたえつつ、自然と渾然となった島人《シマッチュ》のよろこびとかなしみを生き生きと伝える。

全編にわたる、奇をてらうことのない素直な筆致が好ましい。奄美の風光を見るような、健やかでみずみずしい文体。ミホ夫人の、童女を想わせる清らかなまなざしと感受性が輝く。

（奄美新聞・平成二十五年八月十八日に一部加除訂正した。）

中原四《あずま》——復帰六十周年の年に——

今年（平成二十五年）十二月二十五日、奄美群島は日本復帰（昭和二十八年）から六十年を迎える。終戦後の昭和二十一（一九四六）年、「二・二宣言」により沖縄とともに日本から行政分離。自治権の制約、経済の疲弊、飢餓の兆候など、群島民は苦しい生活を強いられた。

こうした社会環境のなか、奇しくも奄美大島日本復帰協議会の生まれた同二十六（一九五一）年、大島文化情報会館（のちの奄美日米文化会館）が設立される。同会館で、復帰運動の喧噪をよそに、黙々と、戦後の奄美の社会教育の礎を築くことに命を賭した人がいた。

中原四《あずま》。

朴訥《ぼくとつ》ながら、熱い使命感を胸に秘めたその謹厳実直な生が、いまにつながる奄美の社会教育をしずかに拓《ひら》いた。

一　開館

行政分離後、渡航などの自由の制限、換金作物や物産の販売経路の途絶などによる経済の疲弊、それに起因する飢餓の兆候など、奄美群島民の生活難は熾烈《しれつ》をきわめた。

昭和二十六（一九五一）年二月、復帰協議会が設立される。著名運動がはじまり、復帰運動は燎原《りょうげん》の火のごとく、全群島に広まる。

その前年（昭和二十五年）、博物館機能と図書館機能をあわせもつ施設として昭和二十二（一九四七）年に設置された奄美博物館の、職員などのかねてからの要望に応え、米軍は奄美群島政府文教部にインフォーメーション・センターの設置を命じる。同二十六（一九五一）年四月、名瀬市井根町（当時）に民間情報教育部所管の大島文化情報会館（同年十月、奄美琉球米文化会館に改称。同二十七年、奄美琉米文化会館に。復帰後、奄美文化会館。同二十九年五月、奄美日米文化会館に改称）が開館した。

同会館は木造二階建て・瓦葺《かわらぶ》き。横目板張りの白く塗装された壁面、車寄せを設け大きくせり出した庇《ひさし》をもつ正面玄関が特徴であった。その瀟洒《しょうしゃ》なたたずまいは、島人の米文化へのあこがれをかき立てたという。昭和二十八（一九五三）年には、鉄筋コンクリート平屋建ての講堂も落成した。

二　業務

大島文化情報会館は、一階に事務室、レコード六百三十枚を備えた音楽室、会議室兼読書室。二階は百人収容の成人読書室、四十人収容の児童読書室を設けた図書館で、英文図書を中心に約二千四百冊の蔵書があった。そのほか、スライド・フィルム六百十七巻、映画フィルム五十三巻を所蔵した。

同会館の設置は、奄美の文化の向上、奄美と米国との相互理解と善意の増進を目的とした。図書館業務のほか、音楽室でのレコード貸出やレコード・コンサート、会議室兼読書室での英語クラス、視聴覚教育などを実施。講堂ではスクエアダンス、映画上映会、演奏会、講演会などを催した。また、視聴覚教材を用いた各地の公民館や学校への出張映写会、巡回文庫（移動図書館）なども積極的に実施。夏季休暇には、名瀬カトリック図書館と協力し、奄美小学校と塩浜海岸で移動図書館を設けた。さらに翻訳・通訳業務、タイプ業務（英文・和文）、技術者派遣、備品（机、椅子、マイクなど）の貸与、各種催しへの会場の提供（会場設営に要する労力提供も含む）に対応。すべてのサービス業務を無料で行った。

大島文化情報会館の徹底した公共サービスの姿勢は、活動の端緒を担った三人によるものという。民間情報教育部で同会館の充実に努めたディフェンダファー。奄美をこよなく愛した二代目館長のW・R・オーエンス。そして、最大の功労者と称えられるのが、彼らのもとで同会館の主事をつとめた中原四《あずま》である。

三　中原四

中原は大正五（一九一六）年、龍郷村芦徳（当時）に生まれた。旧制大島中学校を経て昭和十三（一九三八）年、鹿児島県師範学校に入学。同十七（一九四二）年、軍隊に召集される。同二十（一九四五）年に復員、名瀬国民学校、奄美群島政府文教部社会教育課などに勤務ののち、大島文化情報会館主事となった。

勤務態度は謹厳実直ながら、中原はきわめて物腰のやわらかい、朴訥な人物であったという。また、たいへん面倒見のよい教育者であった。義弟にあたる、参議院事務総長や国立国会図書館長をつとめた指宿清秀は、「夜遅くまで、生徒の家庭訪問や補習に時間を費やしていた」中原のすがたを記憶する。家庭の事情で学資に窮している児童・生徒がいれば、代わって支払ったという。

中原の面倒見のよさは、児童・生徒にかぎらず、同僚にも同様であった。奄美本土復帰後の昭和二十九（一九五四）年、同会館の館長をつとめた円山十郎は『文化会館案内』に、中原が「私費を投じて館員を助ける」[6]ことも厭わない人物であったことを記している。

四　その思想と理念

当時では先進的とも言える同会館の積極的な公共サービス。これはひとえに中原の社会教育観、とくにその図書館理解によるところが大きい。

泉芳朗が発行人であった月刊誌『自由』の昭和二十六（一九五一）年七月号に寄せた中原の論稿「文化情報会館とは？　その性格と運営について」に、その思想と理念がうかがえる。中原は図書館を、「積極的に書物を貸出し、あるいは一般民衆の相談所となり、研究所となり、または慰安所となり、〔中略〕広く社会教育、文化向上のための連絡機関」[7]と定義する。大島文化情報会館を、「だれでも自由に出入りできる図書館、一般大衆すべての人々に楽しめる役立つ図書館」[8]と位置づける。

これは現在、多くの図書館が理想像として描くもの。先の定義も含めるなら、理念として掲げるもの。中原の先進性を証す。その社会教育観、図書館理解、さらにその使命感は、「真の民主主義を長養するため」[9]と透徹している。

五　すべての人々に

指宿は、中原が風雨をものともせず、映写機などを積んで各地を巡回していたのを覚えている。性格の実直もさることながら、その思想と理念、熱い使命感ゆえであったろう。それはもはや、むしろ「信念」と言い換えた方がよいかもしれない。

復帰運動の喧噪をよそに、中原はみずからの業務に挺身した。論稿にあるとおり、「民衆の心の中に、生活に、浸みこむよう[10]」専心した。「すべての人々に奉仕する精神[11]」をもって、これからの奄美のために献身した。

昭和二十八（一九五三）年一月、館長に任ぜられた矢先、中原は心臓麻痺で倒れた。円山は書いている。「過労は中原氏をしてその天寿を全うせしめなかった[12]」。中原自身が論稿に記したように、「群島民の真の幸福、文化の向上を期待[13]」して、「民衆の心の中に、生活に、浸みこむよう、すべての人々に奉仕[14]」した結果である。三十六歳であった。

指宿は中原の短命を口惜しく思う。国会図書館長時代、中原が「存命であれば」と何度思ったかしれない。「教えてほしいことがたくさんあった」

六　奄美の社会教育の基礎

中原四がその礎を築いた大島文化情報会館は本土復帰後、奄美日米文化会館と名をあらため、昭和三十三（一九五八）年には県立図書館奄美分館（現県立奄美図書館）に。小説家・島尾敏雄を館長に迎えた同館がその後、奄美にはたした貢献は知られるとおりである。現在、文化情報会館時代の蔵書などの資料は、県立奄美図書館が引き継いでいる。

同図書館の石本晃治指導主事は、戦後の混乱期に、米軍統治下の奄美で、図書館の本来のあるべきすがたを語った中原の先進性に感嘆を禁じ得ないという。とくに、中原の示した図書館の定義について、「現在の図書館のめざすすがたと完全に一致する」と評価。奄美の社会教育の基礎を築いた人物が身近なところにいたことに驚く。中原の論稿は、スマートフォンに代表される携帯情報端末がひろく発展・普及した現在、図書館だからできることの示唆に富むとし、「志《こころざし》半《なか》ばで亡くなった大先輩の意志を受け継ぎたい」と語る。

七　復帰・没後六十年

奄美群島日本復帰六十周年の今年（平成二十五年）は、中原四没後六十年でもある。復帰六十周年のにぎわい、その狂騒を見るにつけ、復帰運動の陰でみずからの信ずるところを地道に生きた中原の生きざまが尊く映る。

月刊誌『自由』に寄せた論稿は、中原が遺《のこ》した生の証《あか》し。月刊誌は泉芳朗が発行人であったため、中原が寄稿した当時、復帰協議会機関誌の観を呈していた。泉の情念も生々しい詩のほか、掲載稿の多くが復帰を、政治を、世界情勢を語る。声高で高揚感ともなう、あるいは悲壮感ただよう文章がならぶなか、中原の論稿は、彼の生きざまのように、しずかである。その歩みのように、たしかである。

とかくわれわれは苛烈にして劇的なものに目が行く。心をうばわれる。しかし、おそらく数多《あまた》の中原のような生が、復帰前後の奄美の六十余年を支えたにちがいない。

「復帰から復興へ」とはよく言うのである。だが、復興という空漠な観念のために、われわれは働くのではない。働くことが復興なのであり、働く工夫から生きた復興の思想が生まれる。そのように働く人は、中原のようにしずかで、かくれてはいるが、いまも奄美のいたるところに、たしかにいるにちがいない。六十年の先を担うのは、そのような人たちである。

（奄美新聞・平成二十五年十二月二十五日に一部加除訂正した。）

付記　なお、中原四はキリスト者ではないが、その生涯は福音的と呼んで差し支えないものと思われるため、ここに収録した（ただし、ここに言う「福音的」とは、プロテスタント教会の一部で「福音派」と呼ばれる諸派の標榜する「福音主義」によるところの「福音的」とは異なる）。

南洋の島で、ローゼンツヴァイク、ときどき元ちとせ
——「われわれ」と「かれら」のあいだ、あるいは、アイデンティティーに関する試論——

一

「裸足の歌姫」。この異称を冠せられた少女の歌声が日本列島を席倦したのは、いまや一昔前とすべきだろうか。流行りのダンス・ミュージックではない。日本のポップ・ソングにありがちな英単語を散りばめたそれでもない。緩慢で飾り気のない旋律にたゆとう、裏声《ファルセット》を交えた変幻自在の歌声が印象的だった。

元《はじめ》ちとせ。奄美大島の南西に位置する小集落出身の彼女は、幼少時からなれ親しんだ奄美のシマウタの発声で歌唱する。欧米の影響下に、とくに黒人歌手《ソウル・シンガー》を真似た、数オクターブをまたぐ高音域の、あるいは近年飛躍的発展を遂げる電子機器を活用した、漸次加速的呂律・滑舌の、人間ばなれした歌唱法を身につけた歌い手がもて囃《はや》される音楽シーンにあって、それはまるで対極。年齢らしからぬこぶし回しと裏声とからなる人間臭い、どちらかといえば田舎臭い、彼女の歌声がかえって

新鮮かつ心地良かった。それは太古以来の天然の息吹すらいまに伝えるかな神さびた声。

あのころ、とうにバブル経済ははじけていた。成長はいまや神話。終身雇用など望むべくもない。そんな現実を忘れようと努めるかに、都市部はますますきらびやかに粧《つくろ》っていた。過疎の著しい地方でさえ、格差是正が画一化へと埋没、郷土色の片鱗もとどめぬ脱色が進んでいた。相も変わらず、文化的生活も社会保障制度も乏しい産業化と成長の時代のはじまりに抱いたような、ケバケバしい幻想としての「よい暮らし」を現《うつつ》に夢見つづける。誰も彼もが浮き足立って、みずからを見失い、みずからの足で地を踏みしめる生活の実感すら心許《こころもと》ない時代。裸足でステージに立つ彼女の歌声だけが、地に足が着いているかのよう。きっと誰もがどこかで見失ってしまった「わたし」を思いめぐらし、干潮時に浅瀬に渡って沖に出で、知らぬ間に潮が満ちて帰路を失ったかのごとく、みずからの帰るべき途《みち》を、磯で足下を裸足で探るかな狼狽をもって彼女の声を聞いたにちがいないのである。

彼女の歌声は電波をはじめとするさまざまな情報通信媒体に乗って漂ってはいた。けれども、みずからの立ち位置に迷いはない。

ここにいるよ、あなたが迷わぬように
ここにいるよ、あなたが探さぬよう[15]

「ここ」とは、他のどこでもない。この揺るぎなさに彼女のアイデンティティーというものを思う。それは続く歌詞、

優しく揺れた水面に
映る赤い花の島[16]

——に明らか。彼女にとって、奄美大島以外にない。

ところで、ドイツのユダヤ系哲学者ローゼンツヴァイク『贖《あがな》いの星』(一九二一年)[17]にふれて、つまるところ考え至ったのも、じつにそのアイデンティティーというものの揺るぎなさであった。

二

F《フランツ》・ローゼンツヴァイク(一八八六―一九二九年)は元来、ヘーゲル政治哲学の研究者。博士号も『ヘーゲルと国家』(一九二一年)で授与されている。しかしながら、これの出版された一九二〇年にはすでにヘーゲル的立場を脱し、ユダヤ神学的境地に移行していたという。キリスト教洗礼の一歩手前まで行くも、みずからのルーツたるユダヤ教に回帰。第一次世界大戦では一九一六年から一八年まで、

バルカン半島の最前線で塹壕戦を体験、その悲惨を身をもって知る。戦争によるヨーロッパの荒廃を見、歴史から宗教へ、キリスト教からユダヤ教への思いを決定的にしたという。『贖いの星』は塹壕で天啓《ひらめき》を得、書き始められた。一九一九年に完成し、一九二一年出版。ユダヤ神学のもっとも現代的な哲学表現との評価を受ける。それは「イオニアからイエナまで」[18]の西洋哲学のあり方（現代《いま》風に言うなら、「ロゴス中心主義」）への批判にはじまる。現実の存在こそ思想に先立ち、思想は存在に従属すると考え、現実世界に直面するときの常識（健全な悟性）に出発する「新しい思考」を唱えた。

ローゼンツヴァイクは、人間と世界の関係を、西洋哲学が規定するような調和的全体性に見ない。「神―世界―人間」という三つの要素間の動きである「創造―啓示―贖い」の経験をとおしてのみ捉えられるとする。そして「新しい思考」はユダヤ教、キリスト教、イスラム教の分析をとおして、贖いの社会的表現、「真理」の道としてのユダヤ教の優位を示す。大著『贖いの星』はローゼンツヴァイクのアイデンティティー回帰、あるいはアイデンティティー再発見、あるいはまぎれもなくアイデンティティー獲得の物語でもある。

三

アイデンティティー（identity）。複数の「……である自分」を統合、自我のまとまりと他者からの存在承認をとる主体のこと。「変化の中にあって変わらないなにものか」。「自我同一性」と訳される。

ローゼンツヴァイクによれば、あらゆる哲学は「本質」を問う。すると哲学において世界は世界であってはならず、神は神であってはならず、人間は人間であってはならないという奇妙な事態に陥るという。すべてのものが「本来的に」まったく異なる何かであらねばならないという撞着を、合理的に説くというはなはだ不健全な仕儀に。一方、健康な人間悟性は事物が「本来的に」何であるかを問わない。人間の中には人間的なものだけを、世界の中には世界性だけを、神の中には神性だけを発見すると同時に、神の中にのみ神性の、世界の中にのみ世界性の、人間の中にのみ人間的なものの発見を「経験」する。これをローゼンツヴァイクは「経験する哲学」あるいは「物語る哲学」とし、この新種の哲学を「新しい思考」と呼んだ。ローゼンツヴァイクはこの「新しい思考」をめぐらすなか、本人の意識・無意識は知らない、みずからのアイデンティティーへの遡源を果たしつつ「神―世界―人間」と「創造―啓示―贖い」の二つの三角形からなる六芒星（ダビデの星＝ユダヤのしるし）という世界理解を提示。「新しい世界」の担い手として、「哲学と神学の間に立つタイプ」、「両分野での修練を内に結合した思想家」を待望した。

一連のこのヴィジョンは、ローゼンツヴァイクのアイデンティティー回帰のあからさまなヴィジョンではある。しかし、あくまで二十一世紀への世界理解の過渡として、これをヴィジョンとして気に入った。筆者なら、さしずめ星の中心に「詩人」と書き入れたかも分からない。哲学にしろ神学にしろ、あるいは思想とか信仰と言ってもよい、もはやそれらは（西洋の伝統たる）論理ではなく、きわめて詩的な、誤解をおそれず言うなら、（東洋の伝統たる）審美的な官能に立つべきではないかと考えるからである。

ローゼンツヴァイクがその限界を看破したとおり、ユダヤ・キリスト教の伝統を含めて「イオニアからイエナまで」の道たる西洋思潮がいまや袋小路にあるのは明白である。だからこそ、われわれにいまもとめられる感性あるいは資質を如実に示す例として、ここに源実朝の詠んだ歌を一首挙げておきたい。

神といひ仏といふも世の中の
人のこころのほかのものかは[19]

この歌に実朝は「心の心をよめる」と詞書《ことばが》きした。

四

M《マルティン》・ブーバー『ユダヤ人とユダヤ教』（一九六三年）所収の「初めに」（一九二四年）を併せて読んだ。ブーバーの「我―汝」の世界観を簡明に示す。なによりローゼンツヴァイク理解を進めるものとして秀逸だ。短文ながらもブーバーなりの、また新たにドイツ語による聖書の訳業を共に目論んだローゼンツヴァイクの、創造論の体をなしている。[20] さらにそれは創造論にとどまらない、聖書理解をとおしての、まさしく哲学的人間論。「毎朝、正しきことの実現を新しく始めることが大切」であり、これを「くり返し行うために私たちは現存する」のであり、「これが私たちの、またすべての被造物の意味」であるとの主張は、現実に直面するときの健全な悟性（常識）を思考の始点とする、むしろローゼンツヴァイクの思想の健やかさを想わせ、まばゆい。まるで真夏に見る朝顔のよう。彼の長くない生涯すら、いかにも短日性の朝顔の佇《たたず》まいにふさわしく、重なって見えたのである。

ところで、『贖いの星』の展開は先述したとおりローゼンツヴァイクの、みずからのアイデンティティー回帰を辿るもの。それは次第に濃厚な偏《かたよ》りを示しはじめる。「キリスト教はユダヤ的伝統を克服することはなかった。むしろ、ユダヤ教はキリスト教信仰を養い続けなければならない」。こうしてイスラエルを星、キリスト教を光線にたとえてローゼンツヴァイクは挑発的に語った。その真意はおそらく、互いがみずからを、また互いに互いを見つめ直すことを促しているものと思われる。

ローゼンツヴァイクを読む者は「注意」をもとめられる。読み誤らないためには、神を前に立つような心をはたらかせる必要がある。「完全なる真理は、彼らにもわれわれにも属しません。〔中略〕もしもそれを見ようとすれば、われわれは先ず、自分自身のうちに注視しなければなりません。〔中略〕真理全体を把握するには、光だけでなく、光が照らすものも見なければなりません」。

ここに複数の省略を介したこの引用は、はたして恣意的と非難されるに足る筆者の作為はある。だが、このような読みを要するほどの細心がなければ、ローゼンツヴァイクの敢行した術策にまんまとはまることになるだろう。そうでなければ、「異教は神への有効な接近法をもっていない」との主張を受け容れられもしない。もちろん容認しやしない。ところで、耳を傾ける心はもちたいのである。心の開きは備えたい。このようにみずからに言い聞かせつつ読み進めたことを告白しなければなるまい。

五

しかしながら、ローゼンツヴァイクのアイデンティティー回帰は、その論調を次第に矯激にする。

当初、ヘーゲルにきわまる、従来の直接経験とは無関係な抽象概念から一切の現実を組み立てる思弁的哲学体系からの脱却を図ったローゼンツヴァイクの思想は、ある意味J《ジャック》・デリダによる「脱構築」の先駆とも映ったのである。

ところが、他者との対話的かかわりに重きを置いた共同実存ともいうべき開かれた思考にもかかわらず、生の中心に個人としての人間を置くとともに世界の中心に神を置く、もっぱら人間生活のあらゆる目的を啓示としその内実に愛を見るメシアニズム回帰の思想に失望を覚えた。結局のところ、かつてパスカルが嫌忌しニーチェが憎悪、二十世紀後半にデリダが批判したロゴス中心主義からの解放は望むべくもないと思われた。なにより個人としての人間でもなく人類一般でもない、森羅万象のうちに生ける個人としてそのひとつにすぎない「人間―存在」なるものの認識の欠如が、気に入らなかったのである。あるいは、アイデンティティー回帰をかならずしも否定するものではないとあらかじめ断っておく、しかしながら、世界の諸民族のなかでユダヤ民族こそが、大地という確かな基盤（自然）に根ざすことない、みずからの血縁にのみ信頼を寄せる唯一の民族であるとして、これを超俗・超自然（すなわち神）の選民と位置づける思想《かんがえかた》に馴染めようはずもなかったのである。

六

ローゼンツヴァイクの「新しい思考」において、それがアイデンティティー回帰の傾向を色濃くするにしたがい、躓《つまず》かざるを得なかった。

なぜなら筆者の青少年期、それはスーザン・ソンタグが「若者たちが、フロイトやマルクスを乗り越えて、その先を見ようとしているのは正しい」とし、「信仰の義務はすべて免除してしまうがいい」と述べてから優に十年は過ぎた時代――。[21]

哲学の世界では、すでに現象学も実存主義さえも「脱構築」されるべきものとして批判の対象にあった。クロード・レヴィ＝ストロースにはじまる構造主義にしたところで、ロゴス中心主義を脱していないとして批判。あらゆる一者への結集に抵抗し、脱固有化（ex-appropriation）の運動に賭けられたJ・デリダの先鋭は憧憬にあった。「あらゆる支配の転倒」の徹底、法を超えた「他者との関係」としての正義、メシアニズムと区別されたメシア的なもの、「友愛」の政治としての来《きた》るべき民主主義など、デリダが示した未聞の思想的地平にこそ未来を見た。

あるいはE《エドワード》・サイード。『オリエンタリズム』（一九七八年）の世界的な反響をとおして知るところであった。そのポスト・コロニアル理論が示す、西洋の東洋に対する優越意識、現実のヘゲモニー構造の根底に、かれら西洋たる「われわれ」と、われら東洋たる「かれら」の間に厳然とある認識論的・存在論的境界線を知って慄然とした。

あるいはエコロジーの思想。ギリシャ・ローマ哲学およびユダヤ・キリスト教思想が一貫する西洋思潮の、人間をそれ以外の自然に対する支配・統治に置く認識こそ批判されてしかるべきものとの認識は当時、すでに自明の理として受容されていた。われわれは自然の一部にすぎず、われわれに敵対するのはわれわれ人間自身やその過剰な活動にほかならず、われわれ自身がわれわれの「広がり」であり「つながり」であるところの「自然」や「世界」や「宇宙」の破壊者であると、とうに自覚していたのである（これらは決して筆者の早熟を意味するものではない。むしろ晩稲《おくて》で魯鈍な性質《たち》であったにもかかわらず、あの時代にはこのようなことがらに意識をうながされ、感得することのできたということころに留意願いたい）。

七

「脱構築」（J・デリダ）、「ポスト・コロニアル理論」（E・サイード）、「エコロジー思想」。これらを自明の理として経験したがゆえに、如何せん「ロゴス」を脱しえないローゼンツヴァイクの思想に、互いが生きた時代の差違の如何ともしがたいとはいえ、明らかな限界を見ざるを得ない。とくに、みずからのユダヤ教の優位を際立たせるためにあえて行っているとの積極的な理解に立ちながらも、先に見たローゼンツヴァイクによるキリスト教も含めた異教批判もさることながら、ローゼンツヴァイクによるイスラム教批判には心を痛めずにいられない。

ローゼンツヴァイクは著書『贖いの星』でユダヤ・キリスト教を「愛の命令」、イスラム教を「法への従順」と分析。[22]「イスラムは愛する神も愛される魂も知らない」と批判する。[23] コーラン各章の冒頭に繰り返される「al-rahman（慈悲あまねく）、al-rahim（慈悲深い）アラー」を踏まえ、「あわれみ深い」ということがイスラムの神の本質と指摘。[24] しかし「あわれみは決して愛ではない」と論難する。[25] この一連のイスラム批判の当否は知らない。だが、「愛」というタームを至上に、専断を重ねる展開には鼻白む。

たしかに「神は愛」。[26] だが、ユダヤ・キリスト教もイスラム教をも歴史的・民族的みずからのルーツとしない者にとっては、いずれもが根本的に一神教として同一の神を信ずるがゆえに「一つ穴の狢《むじな》」である。「愛」と唱えようが「あわれみ」と譬えようが、各々で神の捉え方が異なるための、表現の差違にすぎない。

「愛」となればすべからく肯んぜらるべし、――か。たとえば、異なる世界観あるいは価値観に生きている人びとはどのように捉えるだろう。少なくとも仏典を見るかぎり、ことは単純でない、簡便には済まされない。「愛」を意味するパーリ語「タナー」（tanahā）は「渇愛」とも訳される飽くなき欲望。サンスクリット語「カーマ」（kāma）は元来の「意欲、意志」が転じ、愛は愛でも「愛欲」。いずれも諸々の苦の源泉とされ、戒めと捨離の対象である。愛情や親愛を意味し肯定的に受けとめられる「プレマン」（preman）でさえ『倶舎論』[27]に言う。「愛（プレマン）に二種あり。染汚《ぜんま》（煩悩に染まり汚れた状態）と不染汚。染汚なる愛たる渇愛、不染汚なる愛たる信なり」。

「タナー」も「カーマ」も「プレマン」も、「al-rahman」や「al-rahim」、あるいは西洋の概念たるアガペーにしろエロスにしろ、いずれもが「愛」。いずれもが「あわれみ」。生きとし生けるものの営為にして「あはれ」なる諸相。まずそのすべてを愛おしまずして「愛」も「あわれみ」も行い得まいと思われる。無論、信仰もまたない。

慈悲の眼《まなこ》はあざやかに、蓮《はちす》の如くぞ開けたる、智慧の光は夜々《よそよそ》に、朝日のごと明らかに。[28]

このような至極穏やかなる世界を、思わず手を合わせたくなるようなありがたき世界を、ついぞ西洋は知らないのである。

おそらくローゼンツヴァイクもまた知らない。西洋を中心とするユダヤ・キリスト教の世界観に生きる人々は、東洋にかぎらない、異教世界を、多神や汎神の世界を「野蛮」とか「原始的《プリミティヴ》」とか形容し、劣悪と見なしてきた。みずからの優良を疑わなかった。だがそのような姿勢こそが「野蛮」かつ「原始的」以外のなにものでもない。心の世界たる宗教に優劣などあるか。比較・計量・分析し優劣を競わせたところで明らかになるのは、もっぱらみずからの貧しい心のさまにすぎまい。

百歩譲って、哲学・神学の別云々を措いて、なるほどローゼンツヴァイクの思想はたしかに謙虚な「神―世界―人間」というヒューマニズムではある。だが、たとえば哲学・神学を専攻したわけでも思索に生きたわけでもない、俳優業を生業《なりわい》としてきた岸恵子がイスラムの国を旅して、「わけの分からなさ、不気味さ、もしかしたら世界中の人々に誤解されているかも知れないこの国の、孤立無援の一徹さ[29]」と書くその感性をこそ、よほどヒューマニスティック、かつ正しいと思う。もしローゼンツヴァイクの「新しい思考」の描く六芒星の中心に、真に「哲学と神学の間に立つタイプ」たる者が立つのなら、先述したようにそれは詩人であらねばなるまいが、このような感性を併せもつ、まさしく「詩人」であらねばなるまい。そして「詩人」とは古来、神と語るだけでない、神々と交歓し得る魂である。

八

住民比となれば、長崎をも凌《しの》ぐとされるカトリック信者を擁する奄美大島。島をめぐる「現実《リアリティー》」はいまなお「神々―世界―人間」にある。それは「神々―人間」とさえみなすべき、いやむしろ各々の境界すらみとめない、太古以来ありのままな「自然」と表現すべき関係性である。個々別々の要素でなく、ヘーゲル的世界でもローゼンツヴァイクのそれでもない渾然一体の宇宙がひろがる。カトリック信者とて、そこに生きるを免れない。むしろ積極的に生きてさえいる。

　島人《シマッチュ》には、東方の海のはるかかなたに、生命《いのち》の源にして神界たる楽土「ネリヤカナヤ」[30]が存在する。生者の魂はネリヤカナヤより来訪、死者の魂はネリヤカナヤへ還る、と信じられる。集落共同体の公的祭祀を司る「ノロ」、私的レヴェルで呪術職能（霊媒）を担う「ユタ」。それらは習俗や迷信にとどまらない。島人の「日常の切実」とかたく結びついている。カトリック信者にさえ「ユタ神さま」に依りたのむ人は少なくない。

　これを忌み嫌う、本土から赴任した神父は、信仰の浄化と純化のため、「悪魔祓い」をのぞむ。「そうすれば教勢はもっと伸びる」とさえうそぶく。こうした正統や潔癖を求めるあまりの狭量と不寛容。かなしいかな。なぜ夾雑物としか見ないのか。生活たる信仰の豊かさと受けとめられないのか。その多様と可能をこそ、睦まじい親和と喜べないのか。

　ローゼンツヴァイクが非聖書的世界観を「異教徒の世界観」として「始めなく終わりなき混沌」と批判的に評するとき、奄美の島々を想う。むせぶかな亜熱帯のいきれ、清澄きわまる碧い海の輝き、鮮烈な緑みちあふれる山林。いずれもが、いまにもはちきれんばかりに多種多様な生命《いのち》の存在をみずみずしく湛《たた》える。人間存在もひとしくそこに憩い、水平にも垂直にも時間軸においても、境界なき太古以来ありのままな「自然」のうちにある。この揺るぎない「現実《リアリティー》」を、生命《いのち》の現実として、永遠の現実として、信じる。なぜなら人間存在それそのものの「現実」はまがうことなくそこに生きとし生けるとの実感に疑いようがないからである。ローゼンツヴァイクが聖書的世界観から批判したところの「混沌」に、釈尊が語ったという「色《しき》不《ふ》異《い》空《くう》、空《くう》不《ふ》異《い》色《しき》、色《しき》即《そく》是《ぜ》空《くう》、空《くう》即《そく》是《ぜ》色《しき》、（中略）是《ぜ》諸《しょ》法《ほう》空《くう》想《そう》、不《ふ》生《しょう》不《ふ》滅《めつ》、不《ふ》垢《く》不《ふ》浄《じょう》、不《ふ》増《ぞう》不《ふ》減《げん》」[31]に、われわれ人間存在それそのものの実存はある。

ポール・ゴーギャンの絵画を思い浮かべるのである。『われわれはどこから来たのか、われわれは何者か、われわれはどこへ行くのか』（一八九七―一八九八年、油彩、カンヴァス、ボストン美術館蔵）。幅三メートルにも及ぶ大作の画面右から左にかけて、人間の生命の軌跡が描かれる。画面中央左奥には蒼く神とも仏ともつかぬ像《すがた》が。その背後には緑栄える樹林と白波立つ青き海が垣間見られる。少年時にカトリック神学校で学んだ人、かつて『黄色いキリスト』（一八八九年、油彩、カンヴァス、オルブライト＝ノックス・アート・ギャラリー蔵）やみずからの顔をイエスの顔にあてた『オリーブ山のキリスト』（一八八九年、油彩、カンヴァス、ノートン・ギャラリー蔵）を描いた人とは思えない、生命にかかる世界観がうかがえる。「草《そう》木《もく》国《こく》土《ど》悉《しっ》皆《かい》成《じょう》仏《ぶつ》」[32]との声さえ聞こえてきそうだ。

ゴーギャンの表現するそれは正しい。健全なる宇宙認識と思われる。十九世紀末以降、心ある誰もがもはや従来の欧米に主流の思潮ではわれわれの「世界」と言ったり「宇宙」と呼んだりする「広がり」と「つながり」は捉えきれないと識っていた。欧米思潮の枠組みを超えてこの世はあると認識しつつ、見て見ぬふりをしてきたというのがわれわれのまさしく近現代史なのだ。現在、ユダヤ・キリスト教の伝統も含め、欧米型思潮、その世界観の限界を、混迷する東欧情勢や中東紛争、恐慌を来《きた》した未聞のウイルスによる感染症の世界規模での感染拡大（エイズ、エボラ出血熱、新型コロナ）などが露呈する。なによりその世界観を梃子としたこれまでの人類の活動によって、われわれの星、地球は「沸騰」さえ来している（地球温暖化）。人類のみならず、すべての生命種が存続の危機にある。

いまや欧米由来の諸思潮に寄る辺はない。

「琉球弧」と呼ばれる南西諸島には古来、風葬《ふうそう》の習慣がある。風葬とは、洞窟や山林に遺体を安置、そのまま共同の墓所とするもの、あるいは風化を待ち白骨した後に洗骨し厨子瓶に納めるもの。遺体を風雨にさらし、その魂を海のかなたの楽土「ネリヤカナヤ」へ還すのだという。南洋の、人間原初からの天然を保持する人びとは、じつに健全な世界観と精神をいまなお育んでいる。「われわれはどこから来たのか、われわれは何者か、われわれはどこへ行くのか」。問うまでもないことなのだ。アイデンティティーとはそのようなものである。

九

慮《おもんぱか》るなら、ローゼンツヴァイクにとっても、問うまでもないことであったかも分からない。アイデンティティーとは、じつにそのようなものであったかもしれない。「八日たって割礼の日を迎えたとき、幼子《おさなご》はイエスと名付けられた」[33]。イエス降誕のくだりを読んでいて、はたと気づいたのである。ローゼンツヴァイクについては知らない。しかし現在《いま》なお、ユダヤ人男子は割礼を受けるにちがいない。

割礼。陰茎包皮を環状に切断すること。古代の諸民族セム・ハム族（アッシリア人、バビロニア人は除く）、太平洋・オセアニア、アフリカの諸族に見られ、成人儀礼として行われる例が多い。ユダヤ人の場合、神の民イスラエルの成員である証拠。神との「契約のしるし」。ユダヤ人男子には身体に見える、認識しえるかたちでかれらの神との関係、つながりのしるしが残るということ。それは取りも直さず、かれらのアイデンティティーを自他ともに認め得るもの。一生消えることのない「しるし」として刻まれたアイデンティティーそれそのもの。かれらは生涯、かれらの唯一絶対の主なる神から逃れられない。

　ローゼンツヴァイクも然《しか》り。かれのユダヤ教回帰は、帰るべくして帰ったのだ。ローゼンツヴァイクもまた割礼を受けていたとして（ちなみに米ユダヤ系作家マラマッドは、一九五七年の小説『アシスタント』で、ニューヨークの貧困地区を舞台にイタリア系移民の孤児フランクとロシア系ユダヤ人移民の娘ヘレンとの痛々しい恋を描く。カトリック教徒であるフランクは、ヘレンとの結婚を願い、みずからの贖《あがな》いと回心と改宗の証《あかし》として、割礼を受ける。物語はその霊的・肉体的痛苦のうちに終わるのだが、一九五〇年代のニューヨークにしてこのような「しるし」を必要とするなら、これより四十年近く前の欧州大陸に生きたユダヤ人たるローゼンツヴァイクに割礼のなかったとは考えにくい）、みずからの肉体に刻まれた「しるし」に立ち返ったにすぎない。一連のキリスト教・イスラム教批判にかぎらない異教批判も、一度《ひとたび》施されたならもはや忘れがたく刻まれた「しるし」の確認にして必然の表現であるだろう。狭量にして不寛容のロゴス中心主義との感は拭えないが、それもローゼンツヴァイクなりの誠実な神への応答なのだろう。少なくとも、「人間が聞くことを学ぶ」[34]を重視、「現実的に耳で聞くこと〔中略〕反論を伴わずに聞くこと」[35]の実践に努めた結果の、ローゼンツヴァイクなりの退《の》っ引《ぴ》きならない応答の真正直な肉声にほかならないと考えるとき、アイデンティティーというものの深刻を、その切実を思わざるを得ない。

十

「世界」と言い「宇宙」と呼ぶわれわれの「広がり」と「つながり」は本来、ひとつである。地域・国のちがい、時差、言語・宗教のちがい、民族のちがい、年齢差、性差など、物理的な差違は数かぎりないが、「地球」という同じひとつの星に存在するという「広がり」と「つながり」で括ることは可能である。同じひとつの「世界」を、同じひとつの「宇宙」を共有し相互に連関、同じひとつの「自然」としてある。にもかかわらず、世に優勢を決め込んだギリシャ以来の哲学やユダヤ・キリスト教の伝統に由来する西洋思潮は、なにかと言えば、文法上、二つの括りに分別したがってきた。じっさい峻厳にそれを実践してきた。「われわれ」と「かれら」という二元論を明示。常に相互を対比。二項対立に置いた。洋の東西のみならず、半球の北と南、イデオロギーの右左、宗教の一《いつ》と多、生と死、彼岸と此岸、そして自然と人間。……そのすべてを「われわれ」と「かれら」に。本来、すべて多様なひとつ、可能なひとつのはず。ところが文法上、二人称については一人称の延長と捉え、雌雄・凹凸・正負といったつがいと見なし、それをひとつ括りに含め得ても、三人称にそれを許さない。

ローゼンツヴァイクは言う。「〈われわれ〉とはつねに《われわれすべて》である。〔中略〕《ここに集まっているわれわれすべて》である」[36]。あるいは「〈われわれ〉は複数形（Plural）ではない」[37]。一瞬、期待したのである。ロゴスが乗り越えられる。しかし直後、この期待はあえなく泡沫と帰した。「複数形は単数形の三人称において生ずる」と三人称を分離。「〈われわれ〉は双数形（Dual）から発展した全体性（Allheit）であって、この全体性は――〈私〉とその同伴者である〈君〉の、たんに拡張可能な単数形とは異なって――拡張されうるのではなく、ただ制限されうるのである」[38]と三人称は「制限」の名のもと、「全体性」の疎外にある。ロゴスは依然、おそらく無意識に、強固にはたらいている。「かれら」は決して「われわれ」という単数につがうことはない。ローゼンツヴァイクのアイデンティティーの限界がここに明らかに示されている。これに続く多声・和声のおめでたい比喩は余程間が抜けている。慰めにもならない。はたして西洋における、ユダヤ・キリスト教の伝統におけるアイデンティティーとは、まさしく自我同一性なるアイデンティティーであるがゆえに、これほどまでに排他的である。

十一

それでも救いはある。ローゼンツヴァイクが隣人愛を論じて、「愛の行為そのものはいまだ盲目的であり、みずからがなにをしているのかを知らず、また知るはずもない」[39]と語りつつ、「祈りは盲目的ではない」[40]と書くとき、一抹の光明を見い出す。じっさいローゼンツヴァイクみずからもよく分かっている。「祈りとは光を乞い求める願い（Bitte um Erleuchtung）」[41]と定義、「わたしの目に光を与えてください」[42]を引いたうえで「愛にとっては隣人が全世界にとって代わり、そのように目の視界を遮ってしまう」[43]とする一方、「祈りは光を乞い願うことによって、〔中略〕光に照らされるかぎりでの、世界全体を見る」[44]と看破する。三人称の一人称への融化を期待させる。「かれら」も「われわれ」とつながい得る希望を残す。「かれら」にこそ「われわれ」というアイデンティティーを見い出す希望を。ここに、ローゼンツヴァイクの「イオニアからイエナまで」の批判に始まる思索の面目躍如たる帰結を見た。ここに、正しい信仰のかたちを見た。たしかに「愛」では足りない。「祈り」がなければ。いやむしろ「祈り」でなければ。

ローゼンツヴァイクは、信仰とは希望にほかならないと教えてくれる。より正確には、「待望」であることを。「待つ」という姿勢《アティチュード》であることを。

ポルトガル語で「希望」を意味する語は「esperança《エスペランサ》」。その動詞「esperar《エスペラール》」はもっぱら「待つ」という意で用いられる。いみじくも新約聖書「ヘブライ人への手紙」は、「アブラハムは根気よく待った」と伝え、「希望は錨のようなもの」と説く。[45] 思えば「待つ」こと、「待望する／待ちのぞむ」という「祈り」は、具体的な信仰の有無にかかわらず、人類に共通にちがいない。

「今、もし、向うの山に虹が出たら奇蹟が起る。白い虹でなくて、五彩の虹が出たら矢須子の病気が治るんだ」

どうせ叶《かな》わぬことと分っていても、重松は向うの山に目を移してそう占った。[46]

絶体絶命の原爆症を患う姪の快癒を、奇跡に願う人のすがた。大江健三郎はここに人間本来の祈りを見た。「祈った」とはせず、「占った」と書いたのは井伏鱒二の照れと謙遜のなせるわざと読んだ。ひょっとしたら「祈り」という全人類的なアティチュードにおいて、われわれは個々の分裂せざるを得ないアイデンティティーを克服し得るかもしれない。連帯を得るかも分からない。ここに、「宗教」とは書かない、「信仰」とも言わない、「待つ」ことの、すなわち希望たる「待ちのぞむ」ことの現代における意味を見い出せはしまいか。[47]

十二

かくして「祈り」は、「わたし」と「きみ」からなる「われわれ」と「かれら」の一体化を企図し得る。相互にアイデンティティーの超克を可能とする。「世界」と言い「宇宙」と呼ぶわれわれの「広がり」にして「つながり」たるひとつところの全体性、キリスト教で言う万物、仏教で言うところの諸法、すなわち現代で言う「自然」にひとしく溶融する。

その顕著な例として、――すべてがしなやかでたくましい渾然一体にあるのはすでに見た――南洋の島を挙げる。奄美大島。それはまるごとアイデンティティーそれそのもの。とくにシマウタと呼ばれる奄美の民謡は、独自性にとどまらない、普遍性にも及ぶひとつところの全体性たる自然のアイデンティティーである。

たとえば、その音階。沖縄は「レラ抜き」。「ドミファソシド」の「琉球音階」で知られる。日本本土は「ファシ抜き」。「ラドレミソラ」で構成される「民謡音階」である。琉球音階と民謡音階の境界は学術上、奄美群島の真ん中、沖永良部島と徳之島のあいだといわれている。ところが境界の北に位置する奄美大島は、民謡音階ではない。民謡音階と琉球音階が入る以前から日本全土を覆っていた(と考えられている)「呂音階」(ドレミソラド)と「律音階」(ドレファソラド)を基礎とする。

本土から南下する民謡音階と沖縄から北上する琉球音階のはざまにあって日本古来の基層的な音階を、日本の民俗音楽の最も古い要素をいまにとどめるのである。[48] これはシマウタが、奄美民謡としての独自性たるアイデンティティー、および日本の民俗音楽としての独自性たるアイデンティティーという、いわば二重のアイデンティティーを生きているということだ。シマウタを耳にする誰もが、そこに南洋のエキゾチシズム（異国情緒）を覚えるだろう。だが、それが日本古来の音階の奏でるところとは露ほどにも想うまい。異国どころか自国そのものの音を耳にしているとは！

奄美大島にゆかりの深い作家、島尾敏雄は、日本を島々の連なりとして捉える造語「ヤポネシア」を提唱した。日本の多様性を見い出す新しい視点から思索を展開した。本土を中央と見なし、南洋の島を辺境に置く通念と偏見を是正。大宰府・北条得宗家・琉球・薩摩・鹿児島・米軍と続く長い被支配の歴史から地理的・歴史的に主体性を見失い、周縁性・属性のみを意識するコムプレックスを抱えがちな奄美の、アイデンティティー確立にはかり知れない力を与えた。

たしかにアイデンティティーとは存在証明にほかならない。シマウタはアイデンティティーという語の意味の深さと複雑さに応じて、奄美のそれと日本のそれとを併せもつ、一筋縄ではいかない深さと複雑にある。

十三

行きゅんにゃ加那
吾がくとぅ忘れて行きゅんにゃ加那
うったちやうったちゃがいき苦しや
すらいき苦しや

目ぬ覚めて
ゆるやゆながと目ぬ覚めて
なきゃくとぅうめばやねぶららぬ
すらねぶららぬ

鳴きゅんとぅいぐゎ
立神うきなんて鳴きゅんとぅいぐゎ
吾きゃ加那やくめが生きまぶり

すら生きまぶり[49]

奄美大島に遍満する有情非情の別ない渾然一体の、いのちの稔《みの》りについてはすでに書いた。これを島人の感受性が真正直に歌ってみせたのがシマウタ「行きゅんにゃ加那」。男と女、親と子、生と死、肉と霊。……あらゆる別離の次元を想うことのできる詞《ことば》と情《こころ》の豊かさがここにある。森羅万象の営みに必ずやまとう愛別離苦。醇朴このうえない詩情を醸し、せつない。ゆえになおさらのこと、ここで願われる「祈り」は真剣かつ哀切このうえない。

文学レヴェルの言葉ではない。生活レヴェルでのまさしく退っ引きならない肉声。事実、別れの場面に臨んで、弔いの折にも、島人は三線《さんしん》を携え歌う。それはまことに聞く耳に、響くこころに哀切である。

「裸足の歌姫」元ちとせの誰をも魅了するその歌声もその「祈り」と哀切を多分に秘めているように思われる。彼女の歌には彼女の故郷を暗示するかなことばが散見されるが、それが嫌味でないのは、やくざなプロモーションなどというイメージ戦略を超えて、その哀切がどこまでも純粋に自然であるからだ。彼女自身がまさにそこに生きているから。「祈り」たる彼女の歌に嘘はない。

私の足が海の底を捉えて砂にふれたころ
長い髪は枝となって

やがて大きな花をつけました[50]

愛しい人に恋い焦がれる少女の思いは嵩《こう》じて、きっと少女は愛しい人を常に懐にできる海というワダツミ[51]の木となるみずからの夢を果たす。「祈り」は顕《あら》わる。

還らぬ日の想いを胸に抱く季節《とき》
儚き泡沫《あわ》のような運命のものたちも
果てしない輪廻を彷徨えるのなら
いつもずっとずっと傍にいてあげる[52]

「世界」と言い「宇宙」と呼ぶわれわれの「広がり」にして「つながり」にあるすべてが、時間《とき》と一体に多様な歩みを見せながらも確実にひとつの巨大な還流にある。夢と呼ぶも愚か。これは思想ではない。哲学でもない。無論、信仰でもない。それでも尊い「生活／生命《ライフ》」の実感。いのちの営みへの真摯なまなざしをもつ人は知るだろう。夢どころの話ではない。そう。過去と言い未来と言うも「時間」とは、われわれの思い出と希望との異名にすぎないが、われわれの外に流れるものではなく、このようにわれわれの内を流れるまさに「いのちの生活感情」だ。はたしてローゼンツヴァイクもこれを生きた。かれにはこれが「神―世界―人間」と「創造―啓示―贖い」の二つの三角形からなる六芒星に見えたということだ。各々にそのヴィジョンは異なりつつも、アイデンティティーということばの意味深長はここにある。

（平成二十六年度日本カトリック神学院・哲学課程「哲学的人間論」のための習作に一部加除訂正した。）

註

（第一章）

1　訳出にあたり、永山修一氏（ラ・サール中学・高等学校社会科）のお力添えを賜ったことをここに記し、感謝の意を表する。

なお、原文は以下のとおり。「右御代卯六月、東間切伊須浦へ阿蘭陀船漂着、多人数上陸神山之木ヲ伐、中田原ト申之濱へ柱ヲ建、紺地木綿ニテ木屋二ツ張調、石火矢貳挺仕掛ニ筒程打候付、村中驚入方々へ迯去候、掟長賢ヨリ相告候付、黍方田地方横目伊野國・清正・清郷・喜始衝早ク駈付見候得ハ、脇指・鐵炮・釼、等帯シ言葉掛候得共通シ不申、則早飛脚御届申上候付、御附役米良固右衛門殿・山田貞助殿・御横目相良覺右衛門殿御越ニテ、虎落相調警固番所相調諸役々勤番ニテ候、追々御代官・御附役皆々廿日御越、若悪黨共相企候ハ打果ヘクト嶋中諸役々其用意ニテ候得共左様之儀無之候、左候テ北東風吹出シ候付、七月朔日伊須村ヨリ出帆ニテ候、東ハ山々海遠見番付置候、戌亥之風ニ相成候ニ付東南ニ向ヒ走リ申候由、皆々御引取無事相濟候事」（「大島代官記」松下志朗編『奄美史料集成』南方新社、平成十八（二〇〇六）年、五五頁）。

2　東洋文庫一六〇『ベニョフスキー航海記』水口志計夫・沼田次郎編訳、平凡社、昭和四十五（一九七〇）年、一三七―一四〇頁。

3　ベニョフスキーによる長崎オランダ商館長宛の書簡を発端として、ロシアの南下政策を警鐘する工藤平助『赤蝦夷風説考』（天明三（一七八三）年）や林子平『海国兵談』（寛政三（一七九一）年）

の書かれたという。

4　Pere Halbou, *Debut de L' Evangelisation a Oshima*, 1922., Archivum of The Amami Provincial Custody, O. F. M. Conv., #200003.（なお訳出にあたり、泉豊光訳「大島に於ける布教の手初め――アウグスチノ・ハルブ神父手記」および平秀應訳「奄美大島最初の宣教記録――アウグスチノ・ハルブ神父の記録」を参照した）。

また資料に付された「＃数字」はコンベンツアル聖フランシスコ修道会奄美修道院に残された同会およびフランシスコ・カプチン会の資料（＃200000. シリーズ）、コンベンツアル聖フランシスコ修道会米聖アントニオ管区本部（＃400000. シリーズ）、シカゴのカプチン会旧カルワリオ管区本部管区記録文書館（＃300000. シリーズ）、那覇教区資料庫に所蔵される資料（＃310000. シリーズ）の整理番号である。

5　*Ibid.*

6　島尾敏雄『名瀬だより』農山漁村文化協会、昭和五十二（一九七七）年、一六六―一六八頁。なお「名瀬だより」は当初、エッセイ集『離島の幸福・離島の不幸』（未来社、昭和三十五年）の一編として収録された。また引用の記述について島尾は、「このあたりは、前にもその名を書きしるしておいた、『奄美郷土研究会』会員大山麟五郎氏の記憶に誘導されている」と註を付している。

7　かつて「笠利村教育史料集」は「笠利村教育資料」（有形文化財）として昭和四十六（一九七一）年九月一日、笠利町指定文化財となり、笠利町立歴史民俗資料館（現奄美市歴史民俗資料館）に収蔵されていた。平成十八（二〇〇六）年三月二十日の市町村合併にともない移管、現在は奄美市指定文化財として奄美博物館（奄美市名瀬）に収蔵されている。筆者が指定物件の詳細を問い合わせたところ、指定調書が確認できず、また指定当時を知る者はすでに亡く、さらに市町村合併にともなう移管により現在担当する職員もまだ内容の把握に至っていないため、詳細不明とのことだった。よって令和六（二〇二四）年八月二十日、筆者は直接現地に赴き、簡易な調査を行った。それは「笠利町教育資料」と付箋の貼られた原本類ならびに写本（コピー）類からなる資料全三十六点が混在。コンテナには、中村長八神父直筆の「笠利村教育史料集」をはじめとする城間青年会の記録、大正十五年大島郡笠利村佐仁要覧、大正末から昭和のはじめにかけて村長の罷免を訴える決議書や訴状一式など、昔日の笠利村の動向を知れる資料を確認した。現場では手書きでメモをし、これを後日エクセルにて整理しつつ作成した一覧表を、同年八月二十六日、奄美博物館に提出（添付メールにて送信）した。

（第二章）

1　以下、奄美のジャーナリズムと軍部との親近については、志茂洋平「戦前〜占領期における奄美のジャーナリスト」（京都大学文学部、令和五年度卒業論文）に教えられるところの多かったことを、ここにあらためて記しおき、感謝の意を表したい。

2　「名瀬町史」第四章 社寺及び教会（邪教排撃運動）、改訂名瀬市誌編纂委員会編『改訂 名瀬市誌』第三巻民俗編、名瀬市、平成八（一九九六）年、三三三九頁。

3　三原方丈『切支丹陰謀史』岩元書店、昭和十（一九三五）年、九頁。

4　*Ibid.*「自序」。

5　外務省「本邦ニ於ケル宗教及布教關係雜件／奄美大島ニ於ケル加特利教壓逼問題」アジア歴史資料センター、B04012532800 参照。

6　昭和九年十二月十八日付外務次官出渕勝次宛ローマ教皇使節ポール・マレラによる書簡に同封の、奄美大島からの通信抜抄、平秀應『宣教師たちの遺産・フランシスコ会カナダ管区』フランシスコ会アントニオ神学院、昭和六十三（一九八八）年（以下「平、一九八八」と略す）一八三頁。

7　大島高等女学校の設立経緯については、戦災による資料焼失のため、大正十年八月十九日付大島新聞および大正十二年一月十七日付名瀬町議会録をうかがうよりない。後代に整理された資料として、*Report of The Investigation on The Former O'shima Girls High School*, 1948., #200056.（旧大島女子高等学校に関する調査報告書）、昭和二十三年四月一日付北琉球列島臨時政府知事宛琉球使徒座管理者フェリクス・レイ神父および奄美カトリック教会理事連名の書簡（#300056bis）などがある。なお、モーリス・ベルタン神父によるフランシスコ会カナダ分管区長ジャン・ジョゼフ・デキール神父宛のタイプと自筆とからなる大正十一（一九二二）年二月から同十三年（一九二四）年八月までの膨大な書簡が残されており、大島高等女学校設立に関する一連の事情を伝えるという（「平、一九八八」四九頁）。

8　フランシスコ会カナダ管区長アンブロジオ・ルブラン神父による日本公式訪問記録（「平、一九八八」一五二―一五三頁）。

9　*Ibid.* 一五三頁。

10　「名瀬町史」第四章 社寺及び教会（邪教排撃運動）、改訂名瀬市誌編纂委員会編『改訂 名瀬市誌』第三巻民俗編、名瀬市、平成八（一九九六）年、三三九―三四〇頁。

11　*Ibid.* 三四〇頁。

12　昭和八年七月二十九日付九州日日新聞

13　*Ibid.* 昭和八年八月二十二日付

14 昭和八年八月二十九日付大阪毎日新聞（鹿児島沖縄版）
15 *Ibid.* 八月三十日付
16 *Ibid.* 八月三十一日付
17 昭和八年九月十日付大島朝日新聞
18 *Ibid.*
19 フランシスコ会カナダ管区長アンブロジオ・ルブラン神父による日本公式訪問記録（「平、一九八八」一五一頁）。
20 Pere Halbou, ***Debut de L' Evangelisation a Oshima***, 1922., Archivum of The Amami Provincial Custody, O. F. M. Conv., #200003.
21 「大笠利天主堂献堂式」公教會雑誌『聲』大正十四（一九一五）年六月号（『カトリック奄美一〇〇年』奄美宣教一〇〇周年実行委員会、平成四年〔以下「奄美一〇〇」と略す〕七三頁）。
22 「奄美一〇〇」五九頁。
23 中田重治は明治三十二（一八九九）年にメソジストを脱退、同三十四（一九〇一）年には東京神田に中央福音伝道館を創設した。のちに東洋宣教会と改称。大正六（一九一七）年、東洋宣教会日本ホーリネス教会を立ち上げた。
24 ***Report on Conditions in Ryukyu Mission***, October, 1947., # 300013.（「フェリクス・レイ神父のグアムの司教とローマの総長への報告書」押川壽夫訳・編『実録宣教史　カトリック琉球列島ミッション　宣教師たちの手紙』カトリック那覇教区、令和四年〔以下「押川、二〇二二」と略す〕四〇頁）。
25 マタ六・九―一三、ルカ一一・二―四を参照せよ。

26 「名瀬町史」第四章　社寺及び教会（邪教排撃運動）、改訂名瀬市誌編纂委員会編『改訂 名瀬市誌』第三巻民俗編、名瀬市、平成八（一九九六）年、三四二―三四三頁。

27 マタ五・四四（新共同訳より。以下、特記のない場合、聖書の引用はこれに同様）。

28 マタ二二・三九。

29 この逸話《エピソード》は、本土復帰後の奄美大島における宣教を担当したコンベンツアル・フランシスコ修道会のゼローム・ルカゼウスキー神父による回想（聞き取りした録音テープからおこした実録）でも確認できる（「押川、二〇二二」五八〇頁参照）。

30 マタ五・四四。

31 マタ六・一四―一五。

32 ルカ二三・三四。

33 公教會雜誌『聲』大正十四（一九一五）年六月号、「奄美一〇〇」七三頁。

34 なお令和六（二〇二四）年七月、大笠利教会では聖堂の新築に着工、鐘楼は修繕工事を行っている。献堂式は同年十二月の予定という。

（第三章）

1 The Messenger, 17 of September, 1947., # 300138. カプチン会の機関誌である「ザ・メッセンジャー」に掲載されたオーバン神父の寄稿文「押川、二〇二二」二七頁。
なお「聖心《みこころ》像」とは、カトリック教会の「聖心の信心」に由来し、茨の冠に囲まれた燃える心臓を胸にあらわしたイエス立像のこと。また「聖心」はイエスの心臓を指し、受肉した神の子の贖いの愛の象徴をそこにみとめようとする表現であり、信心として中世以来発展してきたものだが、十七世紀フランス聖心信仰の代表的人物である修道女M・M・アラコックへの私的啓示（一六七三―一六七四年）などに見られるように、神秘主義的傾向も色濃い。

2 *Ibid.*

3 *Relatio Prima Annuaria Missionis Ryukyuensis Sacrae Congregationi de Propaganda Fide Facta*, 31 of January, 1948., ＃310002. フェリクス神父による教皇庁布教聖省への琉球ミッション最初の報告「押川、二〇二二」五七―五八頁。

4 *Ibid.* 五八頁。

5 一九四八年一月二十四日付奄美発信のフェリクス・レイ神父による書簡（＃300044）、「押川、二〇二二」五五―五六頁。

6 一九六二年から六五年にかけてバチカンで開かれたカトリック教会の最高会議。公会議史上はじめて全大陸の司教が参加。カトリック以外のキリスト教会の代表者もオブザーバーとして招かれた。カトリック教会の「アッジョルナメント」（今日化）や「インカルチュレーション」（文化内化）、および「エキュメニズム」（教会一致促進運動）を主たる議題とし、カトリック教会の刷新が図られた。

7 一九四七年十月十七日付オーバン神父の書簡（＃300011）「押川、二〇二二」三六頁。

8 一マカ四・三八―四〇を参照せよ。

9 *Report on Conditions in Ryukyu Mission*, October, 1947., ＃300013.（フェリクス神父による琉球ミッションの状況報告「押川、二〇二二」四〇頁）。

10 *Ibid.*

11 *Ibid.* 四〇—四一頁。

12 *Ibid.* 四一頁。

13 *Ibid.*

14 *Ibid.*

15 フェリクス・レイ神父の書簡（＃300046）「押川、二〇二二」五四頁。

16 一九四九年十二月十五日付オーバン神父の書簡（＃310043）「押川、二〇二二」一一七頁。

17 戦前のカトリック診療所については、二か所存在したことが本文にも引用した宣教師の文書（脚註13参照）に確認できる。その一つは大笠利教会の敷地にあったことが一九四七年十月十七日付オーバン神父の書簡（＃300011）に明記されている。もう一つの所在については、宣教師の文書にも確認できず、詳らかでない。これについてカトリック那覇教区の押川壽夫名誉司教は、「戦前のカトリック診療所は大笠利と赤尾木にあった。戦後、再建の要望がどちらの集落からもあったが、一つは西仲勝とし、もう一つを赤尾木にした」とカプチン会の宣教師から聞いたと証言する。

18 ただし、一九五〇年五月十七日付管区長宛フェリクス・レイ神父の書簡では「西仲勝では、十四か月前から診療所を設置しており」との記述があり（「押川、二〇二二」一四〇頁）、これを根拠とするなら、従来どおりの理解も成り立つ。ここでは日付の早い書簡の記述を正とし述べた。なぜならその事実がなければ、早い日付での記述もなかったはずであるからである。

19 一九四九年二月十七日付カプチン会総長宛フェリクス・レイ神父の書簡（＃310012）「押川、二〇二二」九六頁。

20 米カプチン会一九五〇年会報「琉球列島におけるカトリック宣教活動」（＃200135）「押川、二〇二二」一三五頁。

21　Apostolic Administration of Ryukyu Islands, March 30, 1951., #300086.「押川、二〇二二」一六一頁。「カトリック医師の永田先生が、毎週名瀬から来てくれます。彼の仕事のために、ミッションは何も払っていません。全く無料の奉仕活動です」とある。

22　一九五一年八月八日付オーバン神父の書簡（#300163）「押川、二〇二二」一七七頁。

23　Apostolic Administration of Ryukyu Islands, March 30, 1951., #300086.「押川、二〇二二」一六一頁。

24　一九五一年七月二十一日付オーバン神父の書簡（#310085）「押川、二〇二二」一七五頁。

25　赤尾木の診療所については、昭和二十五（一九五〇）年の開設とする説もある（「奄美一〇〇八三頁」）。しかし一九五〇年五月十七日付管区長宛フェリクス・レイ神父の書簡（「押川、二〇二二一四〇頁」）によれば「赤尾木では何かとても必要なものがあります。〔中略〕まずは、診療所を作りたいと思います。それはこの地区にとって非常に必要なものであり、人々との素晴らしい触れ合いを与えてくれるでしょう。」とあり、その年の五月にはまだ開設されていない。また一九五〇年十二月十五日付フェリクス・レイ神父の書簡では「私たちは、西仲勝に診療所を一つ持っていましたが、赤尾木でも始めようとしています。」とその年の師走半ばにもかかわらずまだ開設に至っていないことがうかがえる。さらに一九五一年八月八日付オーバン神父の書簡に「慈善事業の一環として、診療所を設置するという計画を立てました。その一つは、カトリックの小さな共同体がある北部の村、赤尾木に設置されることになっており、この診療所は今年一九五一年の春に完成しました。」とある（しかし同じ書簡内に「昨年の春に新しい赤尾木の診療所をオープンした」ともあり、神父自身の記述が混乱を来している）。よってここでは「昭和二十六（一九五一）年の春」とした。

26　カプチン会ニューヨーク管区編「奄美大島における戦後のミッション略史」一九七〇年（#

310023）「押川、二〇二二」五三六頁。

27　郡山勇「近視ノ分布ト環境並ニ之ガ發現ニ及ボス日常生活ノ影響ニ就テ」国立国会図書館蔵、緒言。

28　*Ibid.*「第二章　調査對照」参照。

29　一九五一年七月三十一日付オーバン神父の書簡（＃310085）「押川、二〇二二」一七四頁。

30　ゼローム神父の回想記（一九七二年五月、ゼローム神父が十二指腸潰瘍で姫路の病院に入院したとき、病室でルーシン神父が録音したもの）「押川、二〇二二」五七八頁。

31　一九四九年二月十七日付カプチン会総長宛フェリクス・レイ神父の書簡（＃310012）「押川、二〇二二」九六頁。

32　米カプチン会一九五〇年会報「琉球列島におけるカトリック宣教活動」（＃200135）「押川、二〇二二」一三五頁。

33　一九五〇年十二月十五日付フェリクス・レイ神父の書簡「押川、二〇二二」一五一頁。

34　*Apostolic Administration of Ryukyu Islands*, March 30, 1951., ＃300086.「押川、二〇二二」一六一頁。

35　本稿第三章・二。引用「　」は *Report on Conditions in Ryukyu Mission*, October, 1947., ＃300013.（フェリクス神父による琉球ミッションの状況報告「押川、二〇二二」四一頁）。

36　一九五〇年十二月十五日付フェリクス・レイ神父の書簡「押川、二〇二二」一五一頁。

37　*Ibid.*

また、一九五一年八月二十七日付ローマのカプチン会総本部宛のフェリクス・レイ神父書簡に「元トラピスト修道士のパトリック・フィン神父が、ハンセン病患者のために修道院から院外生活の許可を得て、新たに琉球ミッションに着任されました。二人の上長が彼を高く評価しているので、私は三年間の期間で彼を受け入れました」とある（「押川、二〇二二」一七九頁）。

38 *Re: Tentative Contract for Fr. Finn, O. C. S. O.*, ＃ 300088.「押川、二〇二二」一五四頁。

39 一九五三年三月七日付ゼローム神父の書簡（＃ 310208）「押川、二〇二二」二六四頁。

40 カプチン会ニューヨーク管区編「奄美大島における戦後のミッション略史」一九七〇年（＃ 310023）「押川、二〇二二」五三六頁。

41 遠藤周作「吉満先生のこと」『遠藤周作文学全集　第十三巻』新潮社、平成十二（二〇〇〇）年、二〇九頁。

42 一九五四年二月二十二日付ゼローム神父宛フェリクス・レイ神父の書簡（＃ 310242）「押川、二〇二二」三一二頁。

43 にもかかわらず、国立と私立の別なく、全国のハンセン病療養所において、断種と妊娠中絶のなされていたことが現在、人道上の問題として糾弾されている。なお、「らい予防法」による強制隔離により人権侵害を受けたとして国家賠償をもとめる裁判で、平成十三（二〇〇一）年五月十一日、熊本地裁は国の責任を全面的に認め賠償を命じる判決を下した。これに対して国は控訴しない方針を決定。小泉純一郎首相（当時）が五月二十五日、内閣総理大臣談話でハンセン病患者・元患者に謝罪した。

44 一九五四年八月二十九日付ゼローム神父の書簡（＃ 310264）「押川、二〇二二」三三一頁。

45 イザ五三・三―五（拙訳。なお翻訳にあたっては、*Biblia Hebraica Stuttgartensia*, Deutsche Bibelstiftung, Stuttgart, 1977. を底本とした）。

46 従来「ハンセン病」（癩病）と見なされ、またそのように訳されてきたギリシャ語・ラテン語の

「レプラ」は現在、かならずしもそれと同義でないとされる。紀元前六―五世紀のパレスチナにはまだハンセン病の存在せず、七十人訳聖書（ギリシャ語訳旧約聖書）やウルガタ訳聖書（ラテン語訳聖書）で「レプラ」と訳されたヘブライ語「ツァラアト」はハンセン病と同一ではなかったという（定義するに困難な、鱗癬を症状とする皮膚病の総称）。また古代ギリシャでは、今日のハンセン病は「エレファンティアシス」と呼ばれ、皮膚に鱗状の症状が出る「レプラ」とは区別した。「レプラ」は二世紀以降にハンセン病を指して用いられるようになり、中世を通じてこれが定着したのである。したがって今日では、たとえば邦訳（新共同訳聖書）においては、「重い皮膚病」と訳されている。なお、ここではパトリック神父の献身を理解するため、当時の認識と聖書解釈とを鑑み、論述を試みた。

47　三上千代「癩の根絶」『社会事業』第十一巻十号、昭和三（一九二八）年一月、一二〇頁。

48　岩下壮一「祖国の血を浄化せよ」『関西MLT』昭和十年（一九三五）八月、一―二、四頁。

49　これについて日本カトリック司教団は令和元（二〇一九）年七月十日、「『らい予防法』が廃止された一九九六年、熊本地裁判決において国の責任が認められ、回復者（元患者）に対して補償が行われた二〇〇一年、そして、『ハンセン病問題に関する検証会議』が被害の実態と原因、再発防止のための施策を『最終報告書』としてまとめた二〇〇五年の折も、司教団として、回復者、家族への謝罪を表明せず、今日に至ったことを」詫びるとともに、「ハンセン病患者を隔離し絶滅させるという国策に対し反対することもなく、入所者のみなさまの奪われていた権利の回復を求めるのでもなく、人生被害を増大させたことに気付かず、当事者の権利を守る視点に立てませんでした。そして、ハンセン病患者・回復者、その家族に対し、長い間、言葉にできないほどの苦しみを与えてしまったことを深く反省します」として、「当事者たちの当然の権利を守る視点に立てなかった責任を認め」ると、公式に謝罪声明を発表した。

なお、カトリックやプロテスタントなどの教派に別のない、キリスト者による「救癩」活動等のハンセン病にかかる諸問題については、荒井英子『ハンセン病とキリスト教』（岩波書店、平成八〔一九九六〕年）と杉山博昭『キリスト教ハンセン病救済運動の軌跡』（大学教育出版、平成二十一〔二〇〇九〕年）が詳しい。

50 一九五二年十一月十七日付エイドリアン・ホルツマイスター神父宛フェリクス・レイ神父の書簡「押川、二〇二二」二四一頁。

51 マタ三・三、マコ一・三、ルカ三・四、ヨハ一・二三。

52 マタ三・二。

53 マタ二五・四〇。

54 Focus on...Amami Oshima, ***Fraternus Nuntis***, November-December 1973, English Edition New series, year 2, n. 6.「押川、二〇二二」五四六—五四七頁。

55 ゼローム神父の回想記（一九七二年五月、ゼローム神父が十二指腸潰瘍で姫路の病院に入院したとき、病室でルーシン神父が録音したもの）「押川、二〇二二」五七四—五七五頁。

56 一九五二年一月九日付オーバン神父の書簡（＃ 310125）「押川、二〇二二」一九六頁。

57 一九五二年一月十四日付フェリクス・レイ神父の書簡（＃ 310111）「押川、二〇二二」一九七頁。

58 島尾敏雄「奄美大島から」『新編・琉球弧の視点から』朝日文庫、平成四（一九九二）年、一三〇頁。

59 一九五五年十二月二十日付ゼローム神父宛フェリクス・レイ神父の書簡（＃ 310278）「押川、二〇二二」三六四頁。

60　コンベンツアル聖フランシスコ修道会ローマ総会本部会報（＃200100）「押川、二〇二二」三四六—三四七頁。

（第四章）

1　遠藤周作「吉満先生のこと」『遠藤周作文学全集　第十三巻』新潮社、平成十二（二〇〇〇）年、二〇九頁。
2　吉満義彦「わがホルテンシウス体験」文春学藝ライブラリー『文学者と哲学者と聖者　吉満義彦コレクション』文藝春秋、令和四（二〇二二）年、五四七頁。
3　*Ibid.* 五四九頁。
4　吉満義彦「私の改宗」文春学藝ライブラリー『文学者と哲学者と聖者　吉満義彦コレクション』文藝春秋、令和四（二〇二二）年、五一二頁。
5　*Ibid.*
6　*Ibid.* 五一四頁。
7　吉満義彦「カトリシズムと現代人」『吉満義彦全集　第一巻』講談社、昭和五十九（一九八四）年、一六九頁。
8　吉満義彦「私の改宗」文春学藝ライブラリー『文学者と哲学者と聖者　吉満義彦コレクション』文藝春秋、令和四（二〇二二）年、五一〇頁。
9　吉満義彦「わがホルテンシウス体験」文春学藝ライブラリー『文学者と哲学者と聖者　吉満義彦コレクション』文藝春秋、令和四（二〇二二）年、五四七頁。

10 吉満義彦「私の改宗」文春学藝ライブラリー『文学者と哲学者と聖者　吉満義彦コレクション』文藝春秋、令和四（二〇二二）年、五一〇頁。

11 アウグスティヌス「告白」第三巻・第四章、七―八参照。なお「　」の引用部分は、アウグスティヌス『告白』上巻、服部英次郎訳、岩波文庫、平成二十三（二〇一一）年、七一頁。アウグスティヌスは十九歳のとき、その生活は放縦、放蕩をきわめたが、キケロの著した『ホルテンシウス』にふれ、知恵の愛（フィロソフィア＝哲学）へと呼び覚まされ、キリスト教へと促されたという。

12 吉満義彦「わがホルテンシウス体験」文春学藝ライブラリー『文学者と哲学者と聖者　吉満義彦コレクション』文藝春秋、令和四（二〇二二）年、五四八頁。

13 若松英輔は平成二十三（二〇一一）年から『三田文学』誌上で評論「吉満義彦」を連載。それは平成二十六（二〇一四）年、『吉満義彦―詩と天使の形而上学』としてまとめられ、岩波書店から出版された。吉満について拙稿のはじめて公になったとき（平成二十六年一月一日付奄美新聞）、それはまだ『三田文学』に連載中であった。また改稿のなったとき（令和三年十月十日〜十一月七日付カトリック新聞連載時）には、すでに単行本化されていた。ここでは、初出当時のまま、《評論「吉満義彦」》とした。

14 吉満義彦「天衣無縫の記」文春学藝ライブラリー『文学者と哲学者と聖者　吉満義彦コレクション』文藝春秋、令和四（二〇二二）年、五二四頁。

15 *Ibid.*

16 *Ibid.*

17 *Ibid.* 五二六頁。

18　吉満義彦「私の改宗」文春学藝ライブラリー『文学者と哲学者と聖者　吉満義彦コレクション』文藝春秋、令和四（二〇二二）年、五一一―五一二頁。
19　*Ibid.* 五一二頁。
20　*Ibid.* 五一三頁。
21　*Ibid.* 五一四頁。
22　*Ibid.* 五一三頁。
23　*Ibid.*
24　奄美大島の民謡「シマウタ」は、いわゆる「島唄」ではない。奄美では集落を「シマ」と言い、集落で歌われる歌のこと。すなわち「集落歌」である。したがって同じ旋律であっても、集落ごとに歌詞が異なり、さまざまなバージョンがある。
25　吉満義彦「私の改宗」文春学藝ライブラリー『文学者と哲学者と聖者　吉満義彦コレクション』文藝春秋、令和四（二〇二二）年、五一八頁。
26　*Ibid.* 五一五頁。
27　吉満義彦「デカルトよりトマスへの道――一つの経験――」『吉満義彦全集　第三巻』講談社、昭和五十九（一九八四）年、四〇五頁。
28　吉満義彦「中世精神史の理念」『吉満義彦全集　第二巻』講談社、昭和五十九（一九八四）年、一四頁。
29　吉満義彦「カトリシズムと現代人」（昭和十七年）、「世界史と教会史の秘義」（同上）などを参照せよ。
30　遠藤周作「私の文学　自分の場合」『遠藤周作全集　第十二巻』新潮社、平成十二（二〇〇〇）

年、三七七—三七八頁。

31 吉満義彦「文化と宗教の理念」『吉満義彦全集　第一巻』講談社、昭和五十九（一九八四）年、一〇頁。

32 *Ibid.* 四〇頁。

33 *Ibid.*

34 吉満義彦「世界史と教会史の秘義」『吉満義彦全集　第一巻』講談社、昭和五十九（一九八四）年、一六五頁を参照せよ。なお「霊性の優位」は、「現代キリスト者の思想的立場——特に学生に与える言葉——」（昭和十五年）、「カトリシズムと現代人」（昭和十七年）、「文化と宗教の理念」（同上）、「近代超克の神学的根拠」（同上）など、吉満の世に知られた論文において中世を表現する語として頻出する。

35 吉満義彦「近代超克の神学的根拠」『吉満義彦全集　第一巻』講談社、昭和五十九（一九八四）年、一八五、二〇一—二〇二頁などを参照せよ。

36 吉満義彦「文化と宗教の理念」『吉満義彦全集　第一巻』講談社、昭和五十九（一九八四）年、一五頁。

37 吉満義彦「近代超克の神学的根拠」『吉満義彦全集　第一巻』講談社、昭和五十九（一九八四）年、二〇〇頁。

38 吉満は「魂の改悔が近代の超克の第一条件である」と論稿の「結語」において傍点を付して強調している（吉満義彦「近代超克の神学的根拠」『吉満義彦全集　第一巻』講談社、昭和五十九年、二〇五頁）。

39 マタイ五章八節に「心の清い人々は、幸いである、その人たちは神を見る」とある。

40 Pascal, ***Pensées***, fr. 553., Texte de l'édition Brunschvicg, introduction et notes par Ch.-Marc des Granges, Classiques Garnier, 1951, p. 210. 拙訳（以下、同様）。

41 アベ・ボワローの書簡にはじまり、ラ・メトリ『人間機械論』の記述でひろく知られ、のちにはヴォルテールやボッシュなども言及したパスカルの逸話。パスカルは食卓に座しているときなど、いつも左隣に椅子を積み上げるか、誰かがいるかしなければ落ち着かなかった。というのも、大きな深淵の口をあけるのを目前とし、恐ろしかったからであるという。あるいは、パスカルは次のように書きのこす。「われわれは固い地盤と窮極の不動の礎とを見つけ、その上に無限にのびていく塔を建立しようとの希望をいだく。しかし、われわれの大地はすべて揺らぎ、地面は裂け、深淵をひらく。」(Pascal, ***Pensées***, fr. 72., Texte de l'édition Brunschvicg, introduction et notes par Ch.-Marc des Granges, Classiques Garnier, 1951, pp. 90-91.)

42 Pascal, ***Pensées***, fr. 421., Texte de l'édition Brunschvicg, introduction et notes par Ch.-Marc des Granges, Classiques Garnier, 1951, p. 174.

43 冨山房百科文庫一三『近代の超克』冨山房、平成二（一九九〇）年、二四八頁。

44 吉満義彦「文化と宗教の理念」『吉満義彦全集　第一巻』講談社、昭和五十九（一九八四）年、三三五頁。傍点は原文ママ。

45 ***Ibid.*** 三三六頁。

46 吉満義彦「現代キリスト者の思想的立場——特に学生に与える言葉——」『吉満義彦全集　第五巻』講談社、昭和六十（一九八五）年、二七二頁。傍点は原文ママ。

47 吉満義彦「パスカルを語る」『吉満義彦全集　第三巻』講談社、昭和五十九（一九八四）年、四二〇頁。

48 Pascal, *Pensées*, fr. 864., Texte de l'édition Brunschvicg, introduction et notes par Ch.-Marc des Granges, Classiques Garnier, 1951, p. 316.

（第五章）

1 一コリ一五・五四―五六（拙訳。なお翻訳にあたっては*The Greek New Testament*, ed. Kurt Aland, Matthew Black, Bruce M. Metzger, Allen Wikgren, pub. American Bible Society, British and Foreign Bible Society, National Bible Society of Scotland, Netherlands Bible Society, Wurttemberg Bible Society, 1966. を底本とした）。

2 二コリ一二・五―七（同右）。

3 イエス磔刑後、その復活を知ってエルサレムでは、離散した弟子たちを中心とする信者たちの共同体（初代教会）ができた（「エルサレム教会」とも呼ばれる）。成員の一人であるステファノは、議論に長け、人びとのあいだで福音宣教に努めていたが、捕縛せられ、虐殺された（キリスト教最初の殉教者とされる）。ステファノ虐殺のとき、回心前のサウロ（のちのパウロ）はその現場にいて、「ステファノ殺害に賛成していた」（使八・一）という。これはのちのちまで、使徒となったパウロの負い目としてつきまとった。

4 島尾敏雄「ヤポネシアと琉球弧」『新編・琉球弧の視点から』朝日文庫、平成四（一九九二）年、一一三頁。

5 *Ibid.* 一四―一五頁。

6 *Ibid.* 一五頁。

7　島尾敏雄「私の中の琉球弧」『新編・琉球弧の視点から』朝日文庫、平成四（一九九二）年、二四五頁。
8　島尾ミホ・志村有弘編『島尾敏雄事典』勉誠出版、平成十二（二〇〇〇）年、二〇二頁。
9　*Ibid.*
10　*Ibid.* 二〇三頁。
11　*Ibid.*
12　今福龍太『群島―世界論』岩波書店、平成二十（二〇〇八）年、五六―五七頁。
13　*Ibid.* 七五―七六頁。
14　今福龍太・吉増剛造『アーキペラゴ――群島としての世界へ』岩波書店、平成十八（二〇〇六）年、二九頁。
15　Relatio Prima Annuaria Missionis Ryukyuensis Sacrae Congregationi de Propaganda Fide Facta, ＃310002.,（一九四八年一月三十一日付教皇庁布教聖省への琉球ミッション最初の報告）「押川、二〇一二」五八頁。
16　The Church in Amami-Oshima: Its Past., ＃200098.,「押川、二〇一二」五五二頁。
17　島尾敏雄『名瀬だより』農山漁村文化協会、昭和五十二（一九七七）年、八一頁。
18　*Ibid.* 八九頁。
19　The Church in Amami-Oshima: Its Past., ＃200098.,「押川、二〇一二」五五二頁。同様に、「宣教師やクリスチャンの間では、自助努力が重視されている。このような努力は、比較的貧しい人々にとっては、なおさら称賛に値するものだ」として、昭和四十七（一九七二）年に献堂された大笠利教会の建築費用を地元信者らが賄ったことを例に挙げて報告する（Fraternus Nuntius, November-

December 1973, English Edition New series, year 2, n. 6.,「押川、二〇二二」五四九頁)。

20 一九四七年十月十八日付フェリクス・レイ神父の書簡（＃300012）「押川、二〇二二」三九頁。

21 一九五一年七月三十一日付オーバン神父の書簡（＃310085）「押川、二〇二二」一七五頁。

22 ゼローム神父の回想記（一九七二年五月、ゼローム神父が十二指腸潰瘍で姫路の病院に入院したとき、病室でルーシン神父が録音したもの）「押川、二〇二二」五七六頁。

23 島尾敏雄「『琉球弧』、改めて検討を」『新編・琉球弧の視点から』朝日文庫、平成四（一九九二）年、二八三―二八四頁。

24 島尾敏雄「沖縄紀行」『新編・琉球弧の視点から』朝日文庫、平成四（一九九二）年、二二三頁。

25 島尾敏雄「ヤポネシアと琉球弧」『新編・琉球弧の視点から』朝日文庫、平成四（一九九二）年、一一五頁。

26 大本教は神道系の新宗教。開祖出口なおと聖師出口王仁三郎（上田喜三郎）を二教祖とする。出口なおは明治二十五（一八九二）年の旧正月に霊夢を見、神がかりし、民間信仰の艮《うしとら》の金神《こんじん》（祟《たた》り神）による「三千世界の大洗濯」の近いことを説いた（いわば終末論的救済信仰）。その後も神がかりがくり返され、やがて自動書記による「お筆先」を書くようになる。これはのちに大本の根本経典となった。予言や病の治癒が評判となり、信者が増加。同三十一（一八九八）年、なおは上田喜三郎と出会い、なおの「お筆先」は喜三郎の解釈をとおして社会的影響力を得た。同三十三（一九〇〇）年、喜三郎はなおの五女スミと結婚、出口王仁三郎を名乗る。なおの「お筆先」と王仁三郎の解釈、ならびに霊学・霊術による大本の体制が整った。大正七（一九一八）年十一月六日、出口なお没。同九（一九二〇）年、大正日日新聞の買収など、国内外での教勢の拡大が社会問題化。同十（一九二一）年、第一次大本事件が起こり、王仁三郎は検挙された。昭和四（一九二九）

年に昭和青年会、同九（一九三四）年には昭和神聖会を結成。その政治的活動（下からのファシズム運動）が警戒され、同十（一九三五）年には第二次大本事件が勃発。不敬罪、治安維持法違反の廉《かど》で本部施設の破壊、組織解散、全幹部の拘束といった官憲による徹底弾圧に至った。同二十三（一九四八）年一月十九日、王仁三郎没。同二十七（一九五二）年、宗教法人法による法人大本となった。

（第六章）

1　仏のカトリック司祭・神学者A・ロワジーが「イエスは神の国を予告したが、到来したのは教会であった」と書いたのは教会論において有名である（Alfred Loisy, *L'Évangile et l'Église*, Paris, 1902., 111）。この言辞には、⑴神の国の到来とは「終末」を志向するとともに、イエス自身の到来（再臨）と結びつき、ここに教会存在の余地はない、⑵また到来した（イエスの死後に発生した）教会は組織化・制度化の傾向を加え、イエス自身が構想したとは考えられない半永久的機関の様相を呈している――という教会に関する核心的問題提起をはらむ。

2　本田哲郎『釜ヶ崎と福音　神は貧しく小さくされた者と共に』岩波現代文庫、令和二（二〇二〇）年、一九頁。

3　*Ibid.* 一六―二〇頁。

4　*Ibid.* 二〇頁。

5　*Ibid.* 二四頁。

6　*Ibid.* 二五―二六頁。

7　*Ibid.* 二六頁。
8　*Ibid.* 三〇頁。
9　*Ibid.* 三二頁。
10　*Ibid.* 三三頁。
11　*Ibid.*
12　二コリ一二・九―一〇（拙訳。なお翻訳にあたっては、*The Greek New Testament*, ed. Kurt Aland, Matthew Black, Bruce M. Metzger, Allen Wikgren, pub. American Bible Society, British and Foreign Bible Society, National Bible Society of Scotland, Netherlands Bible Society, Wurttemberg Bible Society, 1966. を底本とした）。
13　申七・六―七（拙訳。なお翻訳にあたっては、*Biblia Hebraica Stuttgartensia*, Deutsche Bibelstiftung, Stuttgart, 1977. を底本とした）。
14　本田哲郎『釜ヶ崎と福音　神は貧しく小さくされた者と共に』岩波現代文庫、令和二（二〇二〇）年、三四頁。
15　*Ibid.* 三五頁。
16　*Ibid.*
17　アブラハムの父テラはカルデアのウル（ペルシャ湾の北西、ユーフラテス川下流の南岸、いわゆるメソポタミアに位置する）から北西へと進み、ユーフラテス川上流東岸のハランに至っていた。アブラハムは神の啓示を受け、ハランを発ち南下、カナン地方に入る（創一一・三一―一二・五参照）。さらに旅を続けネゲブ地方へ移ったものの、飢饉に見舞われたため、エジプトに逃れ、そこに「滞在」した（創一二・六―一〇参照）。新共同訳で「滞在することにした」（創一二・一〇）と訳されているヘブライ語「ラグール」は、前置詞と動詞・パアル態の不定詞からなり、これを直訳するなら「寄留するために」である。この動詞の名詞形「ゲール」は「寄留者」（創一二・一―一〇参照）。その実態を本田神父は「難民」と解している（『釜ヶ崎と福音』三五頁）。

18 モーセは、ユダヤ人を迫害するエジプト人を殺害し、密かに死体を砂に埋めた。これが露見したため、お尋ね者としてファラオに追われる（出二・一一―一五参照）。

ダビデは、イスラエルとペリシテの戦争に及んで、ペリシテ人の兵士ゴリアトと一騎打ちして勝利をおさめる。これを機に人望を集めたダビデを王サウルはねたみ、ダビデの殺害を企てた。ダビデは逃亡を余儀なくされる（サム上一七・一―一九・一七参照）。

モーセに導かれて寄留地エジプトでの奴隷状態から脱出したイスラエルの民は、四十年間荒れ地をさまよった後、ヨシュアに率いられふたたびカナンの地を踏む。それから約二百年後、イスラエル統一王国が建国された。紀元前九三〇年、統一王国は北イスラエルと南ユダに分裂。紀元前七二二年、北イスラエルはアッシリアによって、同五八六年に南ユダはバビロニアよって滅ぼされ、イスラエルの民はバビロニアに送致された。これを「バビロン捕囚」と呼ぶ。紀元前五三九年のバビロニアの滅亡にともない、イスラエルの民は順次、カナンの地へと帰還した。

19 イザ九・一（拙訳。なお翻訳にあたっては、*Biblia Hebraica Stuttgartensia*, Deutsche Bibelstiftung, Stuttgart, 1977. を底本とした）。

20 イザ四九・三（同右）。

21 本田哲郎『釜ヶ崎と福音　神は貧しく小さくされた者と共に』岩波現代文庫、令和二（二〇二〇）年、三六頁。

22 *Ibid.* 三六―三七頁（ゴシック体は引用者による強調）。

23 マタ二五・三五―三六。
24 平成二十三（二〇一一）年七月八日、真宗大谷派円光寺での戦没者追悼法要における本田哲郎神父による講話より（傍点は引用者による強調）。
25 本田哲郎『釜ヶ崎と福音　神は貧しく小さくされた者と共に』岩波現代文庫、令和二（二〇二〇）年、二四二頁。
26 ルカ一〇・三六―三七（拙訳。なお翻訳にあたっては、*The Greek New Testament*, ed. Kurt Aland, Matthew Black, Bruce M. Metzger, Allen Wikgren, pub. American Bible Society, British and Foreign Bible Society, National Bible Society of Scotland, Netherlands Bible Society, Wurttemberg Bible Society, 1966. を底本とした）。

（奄美のこころ）

1 傍点は筆者による。
2 島尾敏雄「沖縄・先島の旅」『新編・琉球弧の視点から』朝日文庫、平成四（一九九二）年、二〇〇―二〇一頁。
3 島尾敏雄「奄美・沖縄・本土」『新編・琉球弧の視点から』朝日文庫、平成四（一九九二）年、二一四頁。
4 *Ibid.* 二一五頁。
5 島尾敏雄「沖縄紀行」『新編・琉球弧の視点から』朝日文庫、平成四（一九九二）年、二二五頁。
6 円山十郎「万人の殿堂　文化会館」『文化會館案内』奄美文化會館、昭和二十九（一九五四）年一月、一頁。
7 中原四「文化情報会館とは？　その性格と運営について」『自由』昭和二十六（一九五一）年七月号、一八頁。
8 *Ibid.*
9 *Ibid.* 一九頁。
10 *Ibid.* 一八頁。
11 *Ibid.*
12 円山十郎「万人の殿堂　文化会館」『文化會舘案内』奄美文化會舘、昭和二十九（一九五四）年一月、二頁。
13 中原四「文化情報会館とは？　その性格と運営について」『自由』昭和二十六（一九五一）年七月号、一九頁。
14 *Ibid.* 一八頁。
15 元ちとせ「ワダツミの木」（上田現作詞・作曲・編曲）Epic Records Japan Inc. 平成十四（二〇〇二）年。
16 *Ibid.*
17 F・ローゼンツヴァイク『贖いの星』（Franz Rosenzweig, *Der Stern der Erlösung*, 1921）は、邦訳では『救済の星』（村岡晋一・細見和之・小須田健訳、みすず書房、二〇〇九年）として刊行されている。この稿では、上智大学名誉教授・中村友太郎による試訳を底本としたため、これに準じて『贖いの星』とする。
18 ソクラテス以前の哲学者からヘーゲルまでを指す。

19 『金槐和歌集』貞享四年板本六五四。
20 M・ブーバーは一九二四年からローゼンツヴァイクと共同で聖書の独語訳を試みた。
21 スーザン・ソンタグ「アメリカで起こっていること」（一九六六年）を参照せよ。このエッセーは「パルチザン・レヴュー」誌（一九六七年冬号）に掲載され、のちに彼女の第二評論集『ラディカルな意志のスタイルズ』（一九六九年）に収録された。
22 F・ローゼンツヴァイク『贖いの星』中村友太郎試訳（二〇〇二）③。
23 *Ibid.*（一五三）③。
24 *Ibid.*（一四七）③。
25 *Ibid.*（一五三）③。
26 一ヨハ四・一六。
27 唯識派三大論師の一人、世親《せしん》（ヴァスバンドゥ、四〇〇頃―四八〇年頃）の著書。『阿毘達磨倶舎論』。六百の偈文とこれを註釈した散文とからなる。日本では古くから仏教教理の基礎学として研究され、現在もその重要性は減じない。チベットやモンゴルでも仏教教理学の入門書として学ばれる。
28 『梁塵秘抄』二二三。
29 岸恵子『砂の界《くに》へ』文藝春秋、昭和六十一（一九八六）年、一七頁。
30 沖縄地域では「ニライカナイ」という。
31 「般若心経」の一節。「かたちあるものは実体がなく、実体ないがゆえにかたちあるものとして存在す。かたちあるものはまさしく実体なきもの、実体なきものはまさしくかたちあるもの。〔中略〕世のあらゆる存在に実体などない。生じることなく滅することなく、けがれなくきよくなく、増えもせず減りもしない」の意。

32 「草・木・国土など心をもたないもの（非情）すべてが、人間などの心をもつもの（有情）と同様に仏性《ぶっしょう》があり、成仏する」の意。

33 ルカ二・二一。

34 F・ローゼンツヴァイク『贖いの星』中村友太郎試訳（三三〇）。

35 *Ibid.*

36 *Ibid.*（二二六）。

37 *Ibid.*

38 *Ibid.*

39 *Ibid.*（二七〇）。

40 *Ibid.*

41 *Ibid.*

42 詩十三・四。

43 F・ローゼンツヴァイク『贖いの星』中村友太郎試訳（二七〇）。

44 *Ibid.*

45 ヘブ六・一九。

46 井伏鱒二『黒い雨』新潮文庫、昭和五十八（一九八三）年、三〇九頁。

47 そうでなければ、カトリック教会の掲げる「エキュメニズム」（教会一致促進運動）も「インカルチュレーション」（文化内化）もまたロゴス中心主義との譏りを免れないであろう。

48 国立歴史民族博物館小島美子名誉教授によれば、奄美における民謡音階は薩摩の支配するところとなった近世以降、新しく本土から伝わったとされる（『島唄の風景』南日本新聞社、平成十五〔二〇〇三〕年、五四頁）。

49　標準語化するなら、以下のとおり。

行ってしまうのですか愛しい人よ
わたしのことを忘れて行ってしまうのですか
発とう発とうと思うのだけれど、
あなたを思うと行きがたい

目が覚めて
長い夜の間じゅう目が覚めて
あなたのことを思うと
眠れません

鳥が鳴いている
立神の沖で鳥が鳴いている
わたしの愛しい人の生きている魂が
鳴かせているのでしょう

50　元ちとせ「ワダツミの木」（上田現作詞・作曲・編曲）Epic Records Japan Inc. 平成十四（二〇〇二）

年。

51　日本神話における海の神の名。「わたつみ」とも。「綿津見」あるいは「海神」と書く。『古事記』にイザナキ（伊邪那岐神）とイザナミ（伊邪那美神）とが国つくりを終えて後、「更生神（更に神を生みき）」とあり、「次生海神、名大綿津見神（次に海の神、名は大綿津見神《おほわたつみのかみ》を生み）」と続く。享和三年版『訂正古訓古事記』参照。

52　元ちとせ「いつか風になる日」（岡本定義作詞・作曲、羽毛田丈史編曲）Epic Records Japan Inc. 平成十五（二〇〇三）年。

奄美大島におけるカトリック宣教略史年表（奄美群島日本復帰まで）

元号	年	西暦（年）	できごと
明治	24	1891	12月31日、パリ外国宣教会のフェリエ神父、奄美来島（10日間滞在）。奄美大島での福音宣教始まる
	25	1892	フェリエ神父、2人の伝道師を伴い奄美着任。民家を仮教会とする
	26	1893	受洗者900人、信徒総数1100人（8月15日付宣教報告より）
	27	1894	フェリエ神父が名瀬に教会用地を購入、仮教会建設開始 奄美で最初の教会が大熊に完成（8月15日） 12月、知名瀬に2階建て仮聖堂完成（2階を司祭館に）
	28	1895	伊津部に教会用地購入 名瀬に仮教会（木造2階建て）完成 10月、知名瀬で教会への投石事件 浦上教会落成
	30	1897	3月、中村長八神父来島
	31	1898	12月、中村長八神父が平に私塾「愛心会」開設
	32	1899	ブイジュ神父来島。瀬留で2軒の民家を購入、母屋を聖堂に
	35	1902	名瀬で「レンガみどう」の建設始まる
	40	1907	中村長八神父が手花部と赤木名で学習塾を開く

明治	41	1908	中村長八神父が赤木名に夜間学校を開く（青年を対象に国語、一般教養、公教要理などを教える）
	44	1911	笠利村役場が中村長八神父に「笠利村教育史料集」の執筆を依頼
大正	3	1914	中村長八神父が「笠利村教育史料集」を提出
	4	1915	大笠利教会竣工
	5	1916	この年、奄美大島では６つの小教区と15の巡回教会を数える（信徒数３６９１人）
	7	1918	奄美大島信徒総数３７９９人（名瀬７５９人、大熊・浦上地区６６１人、笠利６４５人、赤木名３１７人、嘉渡５７０人、瀬留４０８人、赤尾木１９２人、知名瀬２４７人）
	10	1921	島内有識者の要望により、教会立女子高等学校設立が計画される
	11	1922	名瀬聖心教会「レンガみどう」完成 7月12日、ブイジュ神父が瀬留にて逝去
	12	1923	1月17日、名瀬町議会が教会立女子高等学校について議案とする。27日、女子高等学校のため、敷地の無償提供の契約が町と教会とのあいだで締結 2月、中村長八神父が奄美を離任。ブラジルへ渡航（6月）
	13	1924	4月13日、大島高等女学校開校 旧制大島中学校生徒（カトリック信者）二人による高千穂神社（名瀬）参拝拒否事件
昭和	2	1927	10月、大笠利教会の鐘がローマ教皇大使マリオ・ジャルディーニ大司教により祝別 この年、名瀬聖心教会信徒数１３６０人（鹿児島管区３４８４人）
	3	1928	4月、無医村に診療所設置のため、教会が島の女子信者数名を看護師見習いとして東京へ派遣

昭和 6	1931	名瀬聖心教会に聖心愛児園創設（奄美における幼児教育のはじめ）
7	1932	帰化人米川基神父について特別高等警察が「要注意宣教師往来ニ関スル件」として軍に報告
8	1933	奄美大島で組織化されたカトリック迫害が頻発化（教会の破壊、信者へのいやがらせなど） 7月、エジト・ロア鹿児島教区長が上京、奄美大島におけるカトリック迫害について駐日ローマ大使と協議 8月、戸塚文卿神父（東京教区）来島（大島高等女学校問題等の協議のため） 8月25日、奄美国防研究会が第1回名瀬町民大会を開催し、カトリック排撃と大島高等女学校廃校を決議、町議会に申し入れる 9月6日付で、奄美国防研究会決議に反対する名瀬在住大島高等女学校卒業生一同による声明書が町長および町議会議員に提出される 9月7日、大島高等女学校問題のため、緊急名瀬町議会が開かれる 9月16日、名瀬町議会が大島高等女学校認可取り消し処分に関する意見書と調書「公教立大島高等女学校ニ関スル調書」を提出 10月5日、大島高等女学校廃校の記事が一般新聞紙上に掲載される 10月中旬、名瀬町内往来に「カトリック教攻撃ビラ」 12月4日、鹿児島県議会が大島高等女学校問題を取り上げる 12月14日、大島高等女学校閉鎖・廃校認可を受ける
9	1934	カトリック教会と信徒へのいやがらせ、脅迫、直接的な暴力行為が日毎に過激化する

昭和	9	1934	3月、閉鎖・廃校となった大島高等女学校のシスター全員が鹿児島へ 10月4〜5日、「カトリック教徒啓導」と称し、軍が島内各町村で国防思想普及講演会を開催。青年団や在郷軍人などを煽動し、教会・信徒を攻撃する 10月26日、軍に促された瀬留の学校長が、地域住民を学校に集め外国人宣教師追放の署名運動を行う 10月30日、笠利の学校長が外国人宣教師追放の署名運動を行う 11月9日、瀬留と大笠利の司祭が奄美大島から退去、鹿児島へ 11月10日、軍が大熊住民全員を集会所に集め、カトリック信者を一般席から隔離し棄教を迫る。その後、青年たちが信者宅を襲撃 11月12日、軍が名瀬でカトリック撲滅を訴える講演会を開催し信者に棄教を迫る 11月15日、駐日ローマ大使が外務大臣広田弘毅に宛て、奄美大島でのカトリック迫害に関する抗議文書を送付 12月2日、軍が「カトリック征伐」のため、大熊で青年たちを煽動 12月12日、名瀬と大熊の司祭が追放され、奄美大島は司祭不在に 12月17〜19日、秋名教会破壊事件（3日間にわたり、青年たち〔のべ150人〕が秋名教会を襲撃・破壊） 「外国人宣教師が奄美大島でスパイ活動を行った」とする国民新聞の報道に対し、駐日ローマ大使が外務省に抗議
	11	1936	7月12日、名瀬聖心教会祭壇焼失事件 7月14日、大笠利教会が放火され、焼失

元号	年	西暦	事項
昭和	13	1938	12月、迫害のため奄美から来鹿していた宣教師全員が鹿児島を去る 大熊教会が解体され名瀬に移送、三方村役場官舎に
	15	1940	奄美大島のすべての教会財産が没収され、鹿児島県ならびに島内町村の所有となる
	20	1945	4月、空襲により名瀬聖心教会「レンガみどう」廃墟と化す 8月15日、日本が敗戦
	21	1946	2月2日、奄美群島は米軍政府統治下に
	22	1947	9月14日、フランシスコ・カプチン会のフェリクス神父とオーバン神父が奄美に来島 9月15日、名瀬（池田嘉次郎宅）で戦後最初のミサ
	23	1948	島内市町村が教会財産の返還をはじめる 6月、名瀬に「聖母の洋裁学校」開校 大笠利で信徒が仮教会（茅葺きの教会）を建設 西仲勝にカトリック診療所開設
	24	1949	大笠利の仮教会が放火され、焼失 8月、名瀬聖心教会落成 12月、名瀬カトリック図書館開館
	25	1950	国立療養所奄美和光園で初めてのミサ
	26	1951	赤尾木にカトリック診療所開設 8月、パトリック神父来島、和光園担当司祭に

昭和		
27	1952	北部南西諸島（奄美大島・喜界島・徳之島・沖永良部島・与論島）について、カプチン修道会からコンベンツアル・フランシスコ修道会への移管が決まる 11月、コンベンツアル会のゼローム神父とルカ神父が奄美来島
28	1953	4月、パトリック神父が和光園専任司祭に 大熊教会落成 12月25日、奄美群島日本復帰

（諏訪勝郎編、永山修一協力）

日本史		
時代	西暦	できごと
先史		
縄文		
弥生	57	漢委奴国王印
古墳		3世紀はじめ、邪馬台国の統治（女王卑弥呼、30余国を支配下におく）
飛鳥	604	十七条憲法の制定
	630	遣唐使の派遣
	645	大化改新
	701	大宝律令
奈良	710	平城京に遷都
	712	『古事記』
	720	『日本書紀』
	752	東大寺大仏開眼供養

奄美史		
時代	西暦	できごと
先史		旧石器時代、ガラ竿遺跡・アマングスク遺跡（徳之島）、土浜ヤーヤ遺跡・喜子川遺跡（奄美大島）
奄美世		縄文~弥生併行期、住吉貝塚（沖永良部島）・宇宿貝塚（奄美大島）
	7世紀前後~11世紀	兼久式土器、小湊フワガネク遺跡（奄美大島）
		『日本書紀』に「海見島」（657年）や「阿麻弥人」（682年）、『続日本紀』に「菴美」（699年）や「奄美」（714年）、また「度感島（＝徳之島）」（699年）との記述がある
	734	天平度の遣唐使、奄美を経由、その後南島に牌をたてる。この頃、大宰府で「㭺美島」「伊藍島」（沖永良部島か）の木簡
	753	天平勝宝度の遣唐使、鑑真ら奄美を経由。遣唐使には奄美語の通訳が乗船する

奈良	759	唐招提寺の建立、『懐風藻』
	780年代	『万葉集』
平安	794	平安京に遷都
	805	最澄、天台宗を伝える
	806	空海、真言宗を伝える
	905	『古今和歌集』
	1000頃	清少納言『枕草子』、紫式部『源氏物語』
	1124	中尊寺金色堂の建立
	1156	保元の乱
	1159	平治の乱
	1167	平清盛、太政大臣となる
	1175	法然、浄土宗を開く
	1185	壇ノ浦の戦い（平家滅亡）
鎌倉	1192	源頼朝、征夷大将軍となる
	1205	『新古今和歌集』

奄美世	年	事項
	10世紀	南島では口嚼酒が作られる（『本朝月令』）
	997	大宰府管内に「奄美島」の者が武装して乱入、放火や掠奪を行う（『小右記』）
	998	大宰府、キカイガシマ（貴駕島）に奄美島人の追討を命じる（『日本紀略』）
	11世紀後半	徳之島でカムイヤキ窯の操業開始
	11世紀後半～12世紀	喜界町城久遺跡の最盛期
按司世	1124	中尊寺金色堂に大量のヤコウガイの螺鈿
	12～13世紀	倉木崎海底遺跡（奄美大島）で大量の中国産陶磁器が検出

鎌倉	1224	親鸞、浄土真宗を開く
	1227	道元、曹洞宗を伝える
	1253	日蓮、法華宗（日蓮宗）を開く
	1331	吉田兼好『徒然草』
南北朝	1333	鎌倉幕府滅び、後醍醐天皇の親政はじまる
	1337	足利尊氏、征夷大将軍となる
室町	1397	足利義満、金閣を造営
	1418	世阿弥『風姿花伝』
	1467	応仁の乱（～1477）
	1489	足利義政、銀閣を造営
	1543	種子島に鉄砲伝来
	1549	聖フランシスコ・ザビエル、キリスト教を伝える
	1560	桶狭間の戦い
	1568	織田信長、入京
安土桃山	1573	信長、15代将軍足利義昭を京から追放
	1582	本能寺の変・天正遣欧少年使節の派遣

奄美世／按司世	1266	『中山世鑑』に、奄美群島から沖縄本島の英祖王に朝貢したとの記事
	1306	北条得宗家被官の千竈氏が奄美の島々を妻子に相続させる
	14世紀	与論島・沖永良部島は琉球の北山朝の支配下に
	14～15世紀	与論城（与論島）、後蘭孫八城（沖永良部島）、赤木名城（奄美大島）
	1429	中山王尚巴志が琉球王国を統一
那覇世	1441	琉球王国が奄美大島を征服（～1446）
	1466	琉球王国が喜界島を征服。倭寇の活動が活発化
	1537	琉球王府は軍を派遣し與湾大親（奄美大島）を討つ
	1539	琉球王府は自奥渡上扱理（おくとよりうえのさばくり）を置く

安土桃山	1585	豊臣秀吉、関白となる
	1587	秀吉の禁教令
	1592	秀吉、大陸侵攻（～1598）
	1597	鹿児島で一向宗（浄土真宗）禁教
	1600	関ヶ原の戦い
江戸	1603	徳川家康、征夷大将軍となる
	1613	全国でキリスト教禁教
	1637	天草・島原の乱（～1638）
	1639	徳川家光、ポルトガル船の来航禁止
	1689	松尾芭蕉、『奥の細道』の旅に出る
	1708	イエズス会のシドッチ、屋久島潜入
	1716	徳川吉宗による享保の改革はじまる
	1753	安藤昌益『自然真営道』
	1798	本居宣長『古事記伝』
	1841	天保の改革
	1853	ペリー来航
	1858	日米修好通商条約
	1860	桜田門外の変

那覇世		
大和世	1609	島津氏の琉球侵攻、奄美群島の各地で戦闘。奄美諸島は島津氏の直轄地となる
	1613	大島奉行が置かれ、奄美群島全域を管轄
	1616	徳之島奉行（のち徳之島代官）が置かれ、徳之島・沖永良部島・与論島を管轄
	1623	薩摩藩、「大島置目条々」を布達
	1771	『代官記』明和8年の記録、および『ベニョフスキー航海記』の記述（ベニョフスキーが奄美大島に漂着、イエズス会宣教師イグナティオ・セリスによるラテン語手記を発見）
	1830	大島・喜界島・徳之島で調所広郷による砂糖の第二次惣買入制
	1839	大島・喜界島・徳之島で羽書制度はじまる
	1852	名越左源太『南島雑話』（～1855頃）
	1853	沖永良部島で砂糖の惣買入制

江戸	1867	王政復古
明治	1868	戊辰戦争（～1869）
	1871	廃藩置県
	1872	福沢諭吉『学問のすゝめ』
	1876	鹿児島で浄土真宗の禁教解除
	1877	西南戦争
	1889	大日本帝国憲法発布
	1894	日清戦争（～1895）
	1904	日露戦争（～1905）
	1905	夏目漱石『吾輩は猫である』
	1909	八代・鹿児島間鉄道全線開通
	1910	谷崎潤一郎『刺青』、志賀直哉『網走まで』
大正	1914	第一次世界大戦（～1918）。漱石『こころ』
	1915	芥川龍之介『羅生門』
	1916	大正デモクラシー
	1918	米騒動起る
	1923	関東大震災
	1925	治安維持法成立
昭和	1926	川端康成『伊豆の踊子』

大和世	1859	与論島で砂糖の惣買入制。西郷隆盛、奄美大島で潜居（1862まで。62～64、徳之島・沖永良部島に流刑）
	1864	徳之島で犬田布騒動
	1872	廃藩置県に伴い、奄美群島は鹿児島県に
	1873	政府は砂糖の自由売買を認めたが、鹿児島県は大島商社による独占を維持
	1875	砂糖の自由売買をもとめる勝手世運動（～1878）
	1879	奄美群島は「大島郡」とされる
	1899	与論島・沖永良部島から口之津（長崎県、三池炭坑の積出港）に集団移住
	1927	昭和天皇の奄美行幸

昭和	１９３１	満州事変始まる
	１９３２	五・一五事件 上智大学で靖国神社参拝拒否事件
	１９３６	二・二六事件。堀辰雄『風立ちぬ』
	１９３７	日中全面戦争はじまる
	１９４１	アジア・太平洋戦争はじまる
	１９４２	小林秀雄『無常といふ事』
	１９４５	広島・長崎に原子爆弾投下 ポツダム宣言受諾
	１９４６	日本国憲法公布
	１９４８	太宰治『人間失格』
	１９４９	湯川秀樹、ノーベル物理学賞受賞。 三島由紀夫『仮面の告白』
	１９５１	トカラ列島、本土復帰
	１９６４	東京オリンピック 東海道新幹線開通
	１９６８	小笠原諸島、本土復帰 川端康成、ノーベル文学賞受賞
	１９７２	沖縄、本土復帰
平成		
令和		

	１９４４	与論島から１３０戸が満州国錦州盤山に入植
米世	１９４６	「二・二宣言」により奄美群島が沖縄と共に米国民政府の統治下に（米、北緯30度以南を日本から分離）
	１９５１	奄美群島日本復帰運動の隆盛（復帰の署名は14歳以上の住民99・８％に達する）
	１９５３	奄美群島、日本復帰。特例により奄美群島のみ黒糖焼酎の製造を認められる
	１９５４	奄美群島復帰特別措置法
	１９６４	奄美群島振興特別措置法
	１９７４	奄美群島振興開発特別措置法（現在に至る）
	２０２１	奄美大島・徳之島がユネスコ世界自然遺産に登録

（諏訪勝郎編、永山修一協力）

あとがき

昨秋、職場を同じくする永山修一氏が、声をかけてくださった。「これ、面白かった」。以前カトリック新聞に連載した拙稿記事のコピーを手にしている。「ここに書いてないこともまだあるでしょ。それも加えて、これ、本にしませんか」

わたしは、奄美の専門家ではない。奄美については、たまたまこれに詳しい人たちの知己を得、あれこれ知るに至ったにすぎない。それを、依頼があったので、書き散らしただけ。ゆめ造詣が深いなどと買いかぶられては困る。本にするだなんて。僭越かつ無礼にあたる。このときは、鄭重に辞退申し上げた。

今春、永山氏が、あらためて声をかけてくださった。「このあいだのあれ、知人に読んでもらったら、本にしたい、って」。南方新社の向原祥隆氏を紹介された。「じゅうぶん本になります」と向原氏。いずれも年長であるお二人に、導かれるまま、そそのかされるまま、いわばおだてられるまま、その気になってしまった。というのが、この一巻の来歴である。

第一章から第六章は、カトリック新聞に連載した稿を基礎《ベース》とし、奄美新聞やそのほか機関誌などに掲載された稿も加えて一括、これに加除訂正のうえ、整理した。拾遺集は、各稿の末尾に括弧書きしたとおり。キリスト教色の濃淡にかかわらず、かつて奄美関連で書いた稿を集めた。巻末の年表は、まず筆者が編んだうえで、日本史を専門とする永山氏のご指導を仰いだ。

最後に、あらためて断っておきたい。ここに一巻をなしたこれらの稿のすべては、わたしの手になるものではあれ、わたし一人の力によるものではない。奄美に暮らす方々、島の来し方に詳しい方々、島をこよなく愛する方々のご協力あっての賜物である。また、かつて諸紙誌編集の方々は、海のものとも山のものとも知れぬ拙稿を採用、公にしてくださった。さらに、それをこうして一巻の書となすにあたり、永山氏と向原氏には身に余るご厚意とご助力を賜った。拙稿にかかわってくださったすべての方々に、満腔からの感謝の意を表したい。

令和六年仲冬

諏訪勝郎

■著者紹介

諏訪　勝郎（すわ　かつろう）

ラ・サール中学・高等学校倫理科教員。著書に『ポルトガル・ノート―文学・芸術紀行　魂の源流をもとめて―』（彩流社、2006年）、『サウダーデということ―ポルトガルの魂についての考察―』（同上、2008年）、『アンテーロ・デ・ケンタルの全ソネット集―および、その生涯と思想に関する考察』（えにし書房、2023年）。共著に『ひびきあう日本文化と福音―三者三様のおもい』（阿部仲麻呂、高橋勝幸、教友社、2023年）。そのほか、「ポルトガルのこころ」（長崎新聞、2011年）など。

ゆるしの奄美――福音を生きる

二〇二五年一月二十五日　第一刷発行

著　者　諏訪勝郎
発行者　向原祥隆
発行所　株式会社南方新社
〒八九二―〇八七三
鹿児島市下田町二九二―一
電話〇九九―二四八―五四五五
振替口座〇二〇七〇―三―二七九二九

印刷製本　シナノ書籍印刷株式会社
定価はカバーに印刷しています
乱丁・落丁はお取替えします
ISBN978-4-86124-528-2 C0016